读懂
耐心资本

杨　涛◎主编

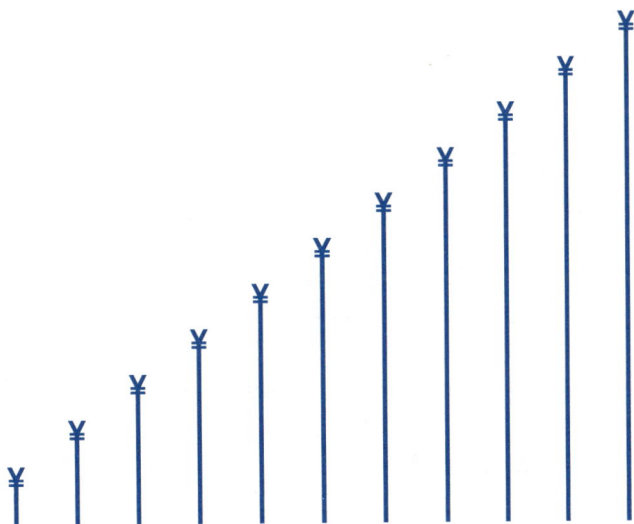

人民日报出版社

北京

图书在版编目（CIP）数据

读懂耐心资本 / 杨涛主编. -- 北京 : 人民日报
出版社，2025. 3. -- ISBN 978-7-5115-8619-3

Ⅰ. F830.59

中国国家版本馆CIP数据核字第2025FJ5702号

书　　名：**读懂耐心资本**
　　　　　DUDONG NAIXIN ZIBEN
主　　编：**杨　涛**

出 版 人：刘华新
责任编辑：徐　澜　蒋菊平
版式设计：九章文化

出版发行：人民日报出版社
社　　址：北京金台西路2号
邮政编码：100733
发行热线：（010）65369509　65369527　65369846　65369512
邮购热线：（010）65369530　65363527
编辑热线：（010）65369528
网　　址：www.peopledailypress.com
经　　销：新华书店
印　　刷：大厂回族自治县彩虹印刷有限公司
法律顾问：北京科宇律师事务所　　（010）83622312

开　　本：710mm×1000mm　1/16
字　　数：190千字
印　　张：12
版次印次：2025年4月第1版　　2025年4月第1次印刷

书　　号：ISBN 978-7-5115-8619-3
定　　价：46.00元

本书作者

（以撰文前后为序）

■ ■ ■ ■ ■ ■

杨　涛　国家金融与发展实验室副主任

董　昀　中国社会科学院金融所研究员

金　巍　国家金融与发展实验室文化与金融研究中心副主任、

　　　　北京立言金融与发展研究院副院长

李　健　中国银行业协会研究部主任

侯伟凤　中国银行业协会研究部研究员

武亚飞　中国银行业协会研究部研究员

龚　芳　申万宏源研究政策研究室主任、首席研究员

袁宇泽　申万宏源研究资深高级研究员

王婧文　申万宏源研究研究员

曹德云　中国保险资产管理业协会原执行副会长兼秘书长

袁　田　华鑫国际信托有限公司首席经济学家、

　　　　中国信托业协会特约研究员

罗丽媛　中国民生银行博士后科研工作站、中国人民大学财政金融学院

　　　　博士后科研流动站博士后

汪　勇　中国社会科学院金融研究所副研究员

王远卓　中国出口信用保险公司研究员

徐瑞慧　中国人民银行金融研究所副研究员

赵大伟　中国人民银行金融研究所副研究员

陈　璐　华夏银行研究院院长

王小彩　华夏银行博士后科研工作站、清华大学经济管理学院博士后科研

　　　　流动站博士后

目 录
Contents

长期主义铸就持久价值

耐心资本的"主战场"

五维赋能，协同发展

金融强国建设需要耐心资本

杨 涛

2024年4月30日，中共中央政治局召开会议分析研究当前经济形势和经济工作，并且提出"要积极发展风险投资，壮大耐心资本"。2024年7月召开的党的二十届三中全会通过了《中共中央关于进一步全面深化改革、推进中国式现代化的决定》，提出鼓励和规范发展天使投资、风险投资、私募股权投资，更好发挥政府投资基金作用，发展耐心资本。我们看到，促进经济高质量发展、增强经济内生增长动力，已经成为当前我国面临的重要挑战。与此同时，中央所提出的金融强国建设则成为助力经济社会持续健康发展的核心力量。在此背景下，发展耐心资本实际上也成为畅通金融作为现代经济"血脉"的主要抓手之一。

一、理解耐心资本的内涵与边界

一方面，发展耐心资本有助于缓解我国金融体系结构与融资结构的失衡问题。与发展阶段相应，在较长一段时间内，我国经济增长都需要大规模、持续、稳定的中长期资金支持。在此背景下，金融供给侧服务能力还存在诸多挑战。例如，2023年末我国金融业机构总资产461.09万亿元，其中银行业金融机构资产总额417.3万亿元，证券业机构总资产只有13.84万亿元。2023年末社会融资规模存量为378.09万亿元，其中对实体经济发放的人民币贷款余额为235.48万亿元，相比之下，非金融企业境内股票余额为11.43万亿元，企业债券余额为31.11万亿元；2023年社会融资规模增量累计为35.59万亿元，其中对实体经济发放的人民币贷款增加22.22万亿元，非金融企业境内股票融资只有7931亿元。

同时，虽然银行间接融资成为金融资源配置的绝对主体，但其自身也一直存在"短存长贷"的挑战。一方面，从银行资金端来看，相对短期化的居民住户存款占比较高，接近五成；另一方面，从银行资产端来看贷款逐渐变得长期化，据统计2023年企（事）业单位贷款增加17.91万亿元，其中企业中长期贷款约占增量的76%，与2019年的62%相比明显提高。由此来看，发展耐心资本并非简单地增加中长期资本，而是通过改善直接融资与间接融资的占比结构、优化金融业资金来源与运用的期限配置等，努力改善金融机构、金融市场、金融产品的结构与效率。

另一方面，可以从几个方面把握耐心资本的内涵。一是从资本特征来看，耐心资本通常指中长期资本，其对风险承受能力相对高，并且更追求中长期收益；相较于短期资本而言，耐心资本受市场短期波动的干扰较小，能够有效支持基础设施、科创企业等较长时间才能产生效益的项目。二是从运作特点看，耐心资本通常关注支持对象的成熟度和成长度，并非追求快速利润，同时通过提供各类相对宽松的融资条件，提升企业与项目的稳定性和可持续性，使其跳出短期财务压力，更专注于长期目标。耐心资本可以是贷款和股权的混合，可为被投资方提供多重资本服务的综合解决方案，也可能支持困难地区或风险更大的非传统投资项目，还可能重视与ESG相关的项目。三是从范围边界看，壮大耐心资本确实离不开直接融资，党的二十大报告做出"健全资本市场功能，提高直接融资比重"的重要部署，为强化耐心资本和金融服务实体经济能力指明了方向。同时，银行业、保险业等诸多领域，也有完善耐心资本的空间，可以与多层次资本市场改革形成合力。四是从制度保障看，打造耐心资本离不开"耐心"两字，这就需要有更加完备的法律、法规和生态环境加以保障，因为无论是直接融资与间接融资相比，还是中长期与短期融资活动相比，耐心资本的投入都面临更加复杂的风险与不确定性，需要有高效的制度要素来充分保障各方利益，形成"激励相容"的"游戏规则"。

二、把握耐心资本的服务对象与目标

发展耐心资本的核心目的还是服务于新质生产力。2024年1月，习近平总书记在中央政治局集体学习时强调"发展新质生产力是推动高质量发展的内在要求和重要着力点"，并且"以劳动者、劳动资料、劳动对象及其优化组合的跃升为基本内涵，以全要素生产率大幅提升为核心标志"。2024年5月，在专家座谈会时习近平总书记又指出"新质生产力，是否就等于新兴产业？传统产业改造升级，也能发展新质生产力"。

众所周知，Solow在1957年首次提出全要素生产率（TFP），代表了除资本、劳动要素之外的，其他所有因素对经济增长的贡献。经济合作与发展组织（OECD）在《生产率测算手册》中指出，提高全要素生产率有三层含义：一是提高全要素生产率指数，二是提高全要素生产率增长率，三是提高全要素生产率对经济增长的贡献率。归根结底，提高全要素生产率的源泉一是来自技术创新与进步，二是源于制度优化带来的资源配置效率改善。综合政策与理论背景，我们认为发展新质生产力的最终目的是大幅提高全要素生产率，而这一目标的实现过程可能较为长久，需要通过支持科技进步作为主要驱动力，这也构成了耐心资本最重要的着力点。

发展耐心资本也是为了落实更多重大政策目标。例如，2023年末，中央经济工作会议强调了更新设备和推动消费品更新换代的重要性。2024年3月，国务院印发《推动大规模设备更新和消费品以旧换新行动方案》，聚焦钢铁、有色、石化、化工、建材、电力、机械、航空、船舶、轻纺、电子等重点行业，推进设备更新改造。事实上，推动设备更新改造既是短期内刺激经济、扩大需求的需要，更是中长期改善经济内在动能的重要举措，历史上的设备投资扩张通常都能带来经济结构优化与产业趋势变化。对此，除了财税政策之外，以耐心资本为核心的金融支持也不能"缺位"。再如，包括数字化转型、绿色低碳、养老保障等都是当前经济面临的中长期重大挑战，同时我国要在2035年建成多个强国目标，这些都离不开耐心资本的支持。

三、厘清耐心资本的要素与功能

首先，需促使多层次资本市场真正成为耐心资本"主战场"。例如，近期相关部门着力推动强化股票、新三板、区域性股权市场等服务科技创新功能，就是为了培育和提供耐心资本。当然我们看到，A股虽然集聚了众多优质科技企业，但围绕创新持续提供激励约束的能力还有所不足；科创板着眼于"硬科技"逐渐形成集聚效应和示范效应，但仍存在定价机制和市场流动性分化等挑战；新三板服务中小企业科技创新的能力尚未充分发挥；区域股权市场也有融资门槛高、融资效率低、交易不活跃、信息披露不规范等问题。再如，改善耐心资本成长能力的主要切入点，就是持续畅通创投机构"募投管退"全链条，其中除了改善创投基金自身能力之外，也有政策环境、投资者偏好等诸多外部因素需完善。

其次，还需促使各类金融机构增加耐心资本"有效供给"。例如，政策性银行一直为包括"两基一支"、农业农村、进出口等领域提供了大量耐心资本，但对科创等新兴领域的支持力度和政策性工具丰富度仍然不够，尤其是对难以仅依靠市场力量的底层、重大、前沿技术创新领域，还需不断探索政策性金融支持路径和模式。再如，银行提供的耐心资本也可不仅限于中长期信贷资金，在监管完善与风险可控的条件下，仍可以持续探索银行资金通过投贷联动、直接投资等方式进入创新领域的合规模式。此外值得关注的是，监管部门正在积极引导保险资金等长期资金支持创业投资，研究提高保险资金投资创业投资基金集中度的比例上限；支持信托公司、理财公司等资管机构加大创业投资支持力度；发挥金融资产投资公司在创业投资、股权投资和企业重组等方面的专业优势等。

最后，构建服务耐心资本的综合保障机制。一是风险管理机制。例如，当耐心资本着眼于科创领域的"投早、投小、投硬"时，必然面临更加复杂的风险挑战。这就需要充分探索保险与担保等服务的创新，为耐心资本"踏实"支持科创提供多元化风险分担机制。同时，政府部门也应不断强化科技型企业风险补偿基金、担保基金等，努力构建"股、贷、债、保"联动的利益与风险分担体系。二是政策支持体系。尤其是耐心资本通常在较长时期内与企业和项目捆绑一起，无法轻易退出，因此抗政策波动风险的能力较弱。对此应该尽量保持耐心资本发展政策稳定性，努力构建友好型政策体系，如面对创投基金应保持长期税率稳定、对长期投资持股给予一定税收优惠等。三是国际化的开放生态。当前的金融强国建设也高度重视推进制度型开放，与之相应则需要合理鼓励我国企业"走出去"利用全球耐心资本，如相关部门强调"加强对科技型企业跨境融资的政策支持"，也需要在加大力度吸引和利用外资的过程中，积极欢迎海外耐心资本到我国投资各类优质企业。

四、总结

综合来看，发展耐心资本是加快建设金融强国、推动经济转型和高质量发展的必然要求。当前，我国金融体系还存在较为突出的结构性扭曲，资金筹集与运用之间有明显的期限错配风险，也存在各种潜在流动性风险。应该说，诸多问题产生的根源在于我国还缺乏可持续的中长期资本供给机制。因此，发展耐心资本既是为了面向服务实体经济的未来，也是为了缓解现有金融结构的矛盾。为了更好地全面认识和解读耐心资本的内涵、价值与作用机理，及其在金融强国建设中的功能定位，我们邀请了来自政产学研各方的专家进行系统探讨。首先，从理论逻辑层面，围绕发展新质生产力、践行中国特色金融文化的视角出发，深入分析了发展耐心资本的理论支撑。其次，结合银行业、证券业、保险业、信托业等的运行特征，分别探讨了耐心资本如何助力不同金融子行业更好服务实体经济。最后，以科技金融、绿色金融、普惠金融、养老金融、数字金融这五篇大文章作为切入点，全面阐述了耐心资本如何与其相辅相成、更好实现经济金融协同高质量发展。总之，《读懂耐心资本》这本书聚焦耐心资本相关的理论、政策与实践展开多维度分析，希望能够帮助广大党员、干部、群众对这一重大现实问题有更全面的理解。

长期主义铸就持久价值

第1章　耐心资本、新质生产力与高质量发展

董　昀[①]

■ 导读：

本章从高质量发展视角研究耐心资本对新质生产力发展的关键支撑作用。新质生产力发展的特点是创新，创新是资金耗费巨大、投资周期长、投资回报不确定的经济活动，离不开金融体系的有力支撑。其中的关键是大力发展科技金融，为新质生产力发展提供充裕的耐心资本。当前我国金融体系规模已经很大，科技金融体系建设也初具规模。但资金配置不均衡，金融服务供给与创新主体金融服务需求不匹配的问题仍普遍存在。我国科技金融发展的重点是以培育耐心资本为重点，建设多元化融资体系，发挥好各类资金对科技创新的支持作用。

一、引言

从理论角度看，新质生产力是以习近平同志为核心的党中央在带领全国人民推进中国式现代化的进程中提出的一个富有中国特色的社会主义政治经济学概念，是马克思主义政治经济学中国化时代化的产物。从现实角度看，新质生产力代表着先进生产力的发展方向，是实现高质量发展这个首要任务

---

① 董昀，中国社会科学院金融研究所研究员。

的强劲推动力。党的二十届三中全会在健全推动经济高质量发展体制机制方面的首要举措就是健全因地制宜发展新质生产力体制机制。而在这一系列战略举措当中，发展耐心资本具有压舱石作用，是加快形成同新质生产力更相适应的生产关系，促进各类先进生产要素向发展新质生产力集聚，大幅提升全要素生产率的重要支柱。

本章拟以经济高质量发展为主题，分析发展新质生产力的重大意义，并在此基础上将发展耐心资本作为金融支持新质生产力发展的关键环节，分析耐心资本与新质生产力（或科技创新）之间的关联机制，并结合中国实际情况提出若干政策建议。

贯穿本章的主线是，高质量发展是全面建设社会主义现代化国家的首要任务，发展新质生产力是推动高质量发展的内在要求和重要着力点，而耐心资本则是发展新质生产力不可或缺的核心要素；耐心资本的加速形成有利于推动新质生产力发展，进而促进经济实现质的有效提升和量的合理增长。

二、发展新质生产力需要金融体系的有力支撑

习近平总书记指出，新质生产力"特点是创新，关键在质优，本质是先进生产力"。这一重要论断精准地刻画出新质生产力的内涵。从源头看，新质生产力由技术革命性突破、生产要素创新性配置、产业深度转型升级而催生，科技创新是发展新质生产力的核心要素。

回首现代经济发展史，无论是以蒸汽机为标志的第一次工业革命，以内燃机和电气化为标志的第二次工业革命，还是以互联网和计算机为标志的第三次工业革命，都是由科学发明和技术变革引致的经济结构剧烈变动。在变革过程中，各类生产要素向创新型产业部门和创新型企业聚集，富有创新

精神的企业家充分运用这些资本要素资源实施"创造性破坏"，新产品、新业态、新模式不断涌现，劳动者、劳动资料、劳动对象及其优化组合在这期间实现跃升，推动全要素生产率的大幅跃升和资源配置效率的显著提高。可见，成功的创新，必将导致新质生产力的加快形成，其结果必然是经济发展质量的提高。

当前，在新技术驱动下，以数字化、网络化、智能化为主要特征的新一轮科技革命正在孕育之中。今后一个时期内，新的科技创新成果将逐步转化为产业创新成果，形成现实生产力，为经济实现质的有效提升和量的合理增长提供新动能。在新的时代条件下推动我国经济高质量发展，必须面向世界科技前沿，把握创新发展规律，加快形成新质生产力，构筑我国在人工智能、数字经济、新能源等新科技、新赛道、新市场上的竞争优势。特别是要及时将科技创新成果应用到具体产业和产业链上，改造提升传统产业，培育壮大新兴产业，布局建设未来产业，完善现代化产业体系。这是提高各类产业竞争力的基础和关键。

说到底，发展新质生产力，就是要推动技术革命性突破、生产要素创新性配置、产业深度转型升级，推动劳动者、劳动资料、劳动对象优化组合和更新跃升，催生新产业、新模式、新动能，发展以高技术、高效能、高质量为特征的生产力。

生产力是经济社会发展中最活跃的因素，而生产关系对生产力的发展也有着不可忽视的重要影响。推动新质生产力发展，迫切需要形成与之相适应的生产关系。在新质生产力发展水平的诸多影响因素中，金融的作用不可替代、不容低估。金融体系、金融制度深刻影响新质生产力的发展速度、质量和效益。

从经济和金融的关系看，经济是肌体，金融是血脉，两者共生共荣。在市场经济条件下，一切社会经济活动都是通过交易而展开的，凡交易就需要有货币作为媒介，货币发生有条件的转移就意味着金融活动的出现。于是，货币金融活动便通过交易深深渗透到社会的各个领域和各个层面。作为国民经济的血脉，金融活动植根于实体经济，金融的初心和使命就是服务实体经济，金融体系的基本功能就是在风险可控的前提下源源不断地将资金活水注入经济肌体之中，为经济的畅通循环提供有力支撑。

扩展开来看，自货币出现以后，所有的商品和劳务，所有的物质乃至精神财富都可以被抽象化为某一货币单位。有了金融活动之后，这个货币单位便可在一定时间内、以一定的代价，被赋予一定的附加条件，由某一经济主体转移到另外一个经济主体手中。货币的转移引导着各类实体资源朝着相反的方向转移，资源配置得以完成。总体而言，金融的作用就是使储蓄资源得以跨主体、跨空间地有条件转移，通过"物随钱走"的市场机制，将储蓄转化为投资，从而引导实体经济中的资源配置。如果资源能够配置到那些伴随着新质生产力发展而创造出来的生产效率较高的部门，则资源的使用效率也得到提高。在金融资源引导实体资源向创新型部门配置的过程中，创新活动得到了有力的资金支持，经济的发展质量和效率也得到相应的提升。

创新是一类投入资金巨大，资金周转期长，且资本收益不确定的高风险活动。而且科学研究、技术发明、技术成果转化、技术大规模应用等不同环节需要的金融服务类型还存在明显差异。因此，我们必须根据新质生产力发展需要，准确把握科技创新和产业创新活动的特性，着力打通束缚新质生产力发展的资金瓶颈和金融制度短板，建立高标准金融市场体系和金融机构体系，创新资本要素配置方式，以资金血脉的畅通促进各类先进优质生产要素向发展新质生产力顺畅流动。以金融改革发展促进新质生产力发展，最核心的目标是构建起具有高度适应性、竞争力和普惠性的中国特色现代金融体系，以高水平的金融服务供给助力高水平科技自立自强，构筑产业竞争新优势。简单地说，就是推动"科技—产业—金融"良性循环，实现科技、产业、金融三类活动的高水平互动，形成共促新质生产力发展的强大合力。

扩展开来说，做好科技金融、绿色金融、普惠金融、养老金融、数字金融五篇大文章，把更多金融资源用于促进科技创新、先进制造、绿色发展和中小微企业，有利于加速新质生产力形成，是统筹推进经济和金融高质量发展的重要抓手。

第一是科技金融。科技创新和产业创新迫切需要科技金融的支持。要发挥资本市场在推动科技创新方面的枢纽作用，深化资本市场基础性制度改革，并发挥好创业投资、私募股权投资对科技创新的支持作用，积极培育"耐心资本"。同时，还要引导金融机构健全激励约束机制，创新金融工具和手段，为科技型企业提供全链条、全生命周期的金融服务，使得创新活动的资金供给与资金需求实现高水平均衡，持续激发科学家、工程师和企业家的创新创业活力，为新质生产力发展提供源源不断的内生动力。

第二是绿色金融。绿色发展是高质量发展的底色，新质生产力本身就是绿色生产力。必须加快发展方式绿色转型，助力碳达峰碳中和。将绿水青山转化为金山银山离不开绿色金融的保障和支持。要运用新的科技手段处理好信息不对称、外部性、商业可持续性等关键问题，为环保、节能、清洁能源、绿色交通、绿色建筑等领域的项目投融资、项目运营、风险管理等活动提供金融服务。同时还要动员和鼓励金融资本支持高碳行业和企业实施转型。

第三是普惠金融。十余年来，我国的普惠金融已取得辉煌成就。未来要继续发展普惠金融，最关键的是要运用科技赋能普惠金融。要充分运用新的数字技术有效降低供需双方信息搜索成本，解决信息不对称，推动场景创新，增强金融产品和服务的包容性、可触达性。这既是对新质生产力发展成果的应用，也是帮助中小微企业缓解资金供给瓶颈、加快形成新质生产力的重要途径。

第四是养老金融。人口老龄化加速推进，养老金缺口以及老年人口金融服务需求增加，对加快发展养老金融提出了新要求。这包括养老金金融、养老服务金融和养老产业金融等内容。特别要注意，养老产业是发展潜力巨大的新产业，属于新质生产力范畴，为养老产业发展提供金融服务也是金融助力新质生产力发展的一个重要方面。

第五是数字金融。数据要素是驱动新质生产力的重要资源。有效利用数据要素和数字技术，重塑现代金融体系，提高金融体系的竞争力和金融服务实体经济能力，本身就是新质生产力发展的重要内容。要在金融数字化转型过程中以数据要素的高效配置和利用为支点，构建智能化的、动态的、多元化的、高度开放的金融生态系统，将金融供给侧结构性改革向纵深推进。

三、培育耐心资本是金融支持新质生产力发展的关键环节

从上一节的分析中可以看出，新质生产力的特点在创新，而科技创新是高投入、高风险、收益不确定且信息不对称的经济活动，需要海量资金的持续投入，但资金供给往往低于最优水平，不能充分满足创新主体的资金需求。如果要推动科技创新活动，就必须提升金融体系对创新活动的适应性，大力发展科技金融，为新质生产力发展提供充裕的耐心资本。本节将进一步从理论机制层面揭示耐心资本在金融支持新质生产力发展，或者说科技金融发展中的关键支撑作用。

根据熊彼特创新发展理论的基本逻辑，金融体系就是为企业家创新活动

服务的。新组合的实施（即创新活动）宛如一座桥梁，将企业家与银行家两大主体连接起来："货币市场上，在需求方面，出现了企业家；在供给方面，出现了购买力的提供者和经手人，即银行家。"（Schumpeter，1934）可见，金融体系创造的信用和信贷资源是创新发展不可或缺的支撑力量，是激发企业家精神的关键一环。用熊彼特的话说，金融家"创造额外的金钱"，"为经济的生产要素配置打开了便捷之门，并授权企业家执行其计划"。

随之而来的问题是，为什么耐心资本供给在科技金融活动中如此重要？关键在于，创新的各个环节，无论是发明、创新还是创新的扩散，均需要大量的资金支持。应特别注意，由于创新活动具有以下三个特性，导致创新对金融资源的需求尤为强烈。

第一，研发活动形成的技术发明具有公共品属性，需要大量的长期资金投入，但外溢效应的存在导致投入和收益无法匹配。

成功的研发是创新活动得以实施的必要前提。而研发投入所产生的科技知识产品是典型的公共产品，Nelson（1959）就曾指出，科技知识产品具有明显的非独占性、非排他性和外部性，一是创新成果只有公开才有助于实现社会生产生活方式的改变，研发主体不能将其占为己有；二是科技知识产品的消费不影响他人对该产品的同样消费，而且消费往往会激发科技知识的更多产出；三是科技知识产品带来的社会效益往往大于发明者的私人效益，故而存在正的外部溢出效应。[①]

因此，研发者投入巨额研究开发成本，却无法占有创新的全部收益，极大地抑制了其研发积极性。与此同时，研发成果的传播成本较低，随着时间

---

① Nelson R.R., This Simple Economics of Basic Scientific Research, *Journal of Political Economy*, 1959, 7（67）: 297–306.

推移，社会其他主体甚至可以零费用使用科研成果，外溢效应极强，研发领域的"搭便车者"大量涌现，导致市场主体将倾向于投入低于社会最优水平的R&D（Research & Development）。由于研发活动对社会经济增长具有明显的促进作用，Griliches（1992）指出，研发活动的社会回报率大约是私人回报率的1.5至2倍[①]。因此政府或其他公共组织往往需要通过协调财政金融资源来干预研发活动，调动研发主体的积极性，避免市场失灵。

第二，创新过程充满不确定性，企业的创新投资意愿与能力不足。

创新活动是对多种可能性进行筛选的过程，也是拓展人类知识边界的探索过程。创新者在事前无法确定创新突破的路线、风险和收益，高风险是创新活动与生俱来的基本属性（Nelson，1959）[②]。风险与不确定性贯穿于科技研发、生产、商业化的全部过程之中。创新风险来自多个方面，主要涉及技术、市场、制度等多种类型的风险。

技术风险源于三个方面，一是科学家和工程师提供的生产工艺和技术支持未必契合开发和生产需要，从而令创新无法达到预期效果，此类风险主要存在于研发和生产阶段；二是由于外溢效应的存在导致创新者只能获得创新成果带来的部分收益；三是技术创新更新换代的速度较快，在创新收益还未完全弥补创新成本时，创新成果就被其他创新所取代，从而影响创新者的研发收益。

市场风险源于科技创新的长周期特征与市场需求短期易波动特征之间的错位。创新者可能会误判现有市场需求，难以准确把握未来市场需求的变化。因此，即便经历较长时间的开发生产后形成了创新产品，也未必能够满

① Griliches., Z., The Search for R&D Spillovers, NBER Working Paper, 1992, No.3768.

② Nelson R.R., This Simple Economics of Basic Scientific Research, *Journal of Political Economy*, 1959, 7（67）：297–306.

足市场需求。

制度结构对创新的速度、方向和规模有着决定性影响，制度变迁带来的风险同样不容低估。制度环境往往在政府行为、社会思潮、外部冲击等因素的冲击之下发生改变，导致原来得到支持的创新活动不再被鼓励，或者产权保护、契约执行、信用保障的强度下降，从而增加企业家的创新成本，减少创新收益，放大资本所有者的投资风险。

总之，创新活动存在的上述各种不确定性可能影响创新主体的收益水平，甚至带来无法承受的巨大损失。这就使得创新投入意愿较低，对创新资源的实际分配额也低于最优水平。

第三，创新过程充满信息不对称，扩大了创新资金的供求缺口。

创新活动的信息不对称主要存在于创新者与投资者（资金的需求者和供给者）之间。创新往往具有大量的资金需求，需要引入外部投资者的投资支持。但是，相对于创新项目的实施者，外部投资者对于项目真实信息的了解处于劣势，将面临更高的风险，具体表现为投资前因无法了解全部创新者能力及创新项目前景而出现逆向选择问题，以及投资后因无法全面监督创新者技术开发、资金使用等行为而出现道德风险问题，进而降低投资者对技术创新的热情，进一步扩大研发资金缺口，严重制约创新活动的开展。

从上述分析中我们可以推导出几个初步论断。

第一，创新是一个昂贵的经济过程，必须付出足够的资金来启动创新进程、引导资源配置和应对各种风险。此外，创新绝非一朝一夕的事情，从研发投入到获得利润需要较长的时间。在这一过程中，需要持续占用大量资金。国际经验显示，初创企业走完科技创新"基础科研、成果转化、产业化"全生命周期历程需要20~30年的时间甚至更长。如果资本所有者缺乏"耐心"，就不愿意为新质生产力发展提供资金。因此，不断提供那些对风险承受能力相对高，并且更追求中长期收益的"耐心资本"就成为金融支持科技创新的关键环节。"耐心资本"也被称为时间的朋友，是陪伴硬科技发展的"亲密伙伴"。

第二，创新所需资金量如此巨大，以至于企业家的自有资金无法完全满足创新活动的需求，需要外部投资者的介入。

第三，创新具有外溢效应，创新的过程中充满风险，创新的结果是不确定的。这三重特性使得资金供给者的创新投资回报无法得到保证。这导致外部投资者的创新资金供给往往低于最优水平，无法有效满足创新主体的资金需求。

第四，面对以上困局，唯有建设具有高度适应性的金融体系，在创新资金的供给者与需求者之间建立顺畅的沟通机制、公平的风险分担机制和可信赖的信用体系，才能有效动员和配置耐心资本服务于创新发展，创新发展进程才能持续推进下去。

接下来，我们从创新发展的全生命周期视角着眼，进一步分析。创新不是一项孤立的技术活动，而是由一系列相互关联的经济社会活动构成的链条。根据创新经济学家弗里曼的分类，创新链条的全过程可分为发明、创新和创新的扩散三个环节。科技发明活动带来新的技术、创意和知识，构成创新的技术前提；创新是将发明成果首次付诸商业实践的活动，是创新链条的核心；而扩散则是把新的实践成功引入特定的经济社会环境，是获得创新利润的关键。实现"科技—金融—产业"良性循环，要求科技金融活动必须把握好企业创新活动各个环节的特性，有针对性地为各环节提供差异化、个性化的金融服务。

在发明（基础研究和开发）阶段，技术研发的成功概率尚难以预料，新技术的商业前景更是充满不确定性。这一时期的企业家难以从外部金融体系获得稳定的金融支持，更多需要依靠自有资金或自筹资金来推进研发。在这一阶段，政府的财政资金和私人基金会等非营利机构的资助也是获取资金的一条重要渠道。

在创新取得初步成功的阶段，研发成果得到了市场认可，企业家开始从新产品、新技术的销售中获得收益，创新成果的市场前景开始显现，但风险和不确定性仍然较高。此时，对短期内创新失败风险有较高容忍度的"耐心资本"，如风险资本和天使资本等，就有可能为新企业注入资本，同时获得相应的股份或期权，并指导企业家将技术发明成果进一步商业化。此外，贸易融资和私募股票也是创新成果初现前景时企业获取资金的重要渠道。总体而言，这一阶段的金融服务关键在于，发展天使投资、风险投资、私募股权投资，同时适当运用政府投资基金，双管齐下培育专注于长期投资的"耐心资本"，与企业组成命运共同体，帮助企业发展壮大。

在创新成果已经在市场上立足，并赢得良好声誉之后，企业的市场占有率显著上升，生产的规模经济效应显现，风险投资等耐心资本可以逐步退出，上市成为企业融资的主要方式之一。为中小型创新企业服务的、制度健全的IPO市场是创新型企业上市的主要渠道。

当创新的扩散阶段来临之时，企业在市场中的地位已经稳固，市场占有率和盈利能力已经得到广泛认可，现金流较为充裕，固定资产积累较多，企业内部的治理结构也趋于完善，同时生产经营活动的资金需求也不断增加。此时，善于处理标准化信息，经营风格稳健的商业银行愿意为企业扩大再生产提供贷款，银行贷款成为企业融资的主渠道。

此后，创新型企业还可能进一步做强做大，从区域性市场走向全国乃至国际市场。除了银行贷款之外，增发新股、可转换债券、高收益债券、投资级债券、兼并与收购等都将成为企业融资的可选方式。

从上述分析可以看出，新质生产力发展既需要大量耐心资本，也需要稳健高效包容性强的资本市场，帮助企业度过漫长的创新周期，特别是在企业规模很小、新技术还较为稚嫩的早期，耐心资本能够为企业提供资金、治理、战略等多方面的支持。

与科技创新的金融服务需求相比，我国金融服务供给既有契合的一面，又有明显的短板弱项。迄今为止，我国长期拥有一个以大银行为主导的间接金融体系，此类金融结构固然能够较好地满足进入成熟期之后的产业发展融资需求，但在为创业和成长期的企业融资方面却存在短板。特别是资本市场基础性制度还不健全，尚缺乏股权类耐心资本，各类耐心资本的"募、投、管、退"各环节的体制机制和发展环境也有待进一步优化。为了更好适应科技创新的战略需要，党的二十届三中全会明确提出了构建科技金融体制的战略任务。

四、耐心资本供给支撑新质生产力发展的对策建议

当前我国金融体系规模已经很大，科技金融体系建设也已初具规模。但资金配置不均衡，金融服务供给与创新主体金融服务需求不匹配的问题仍普遍存在。科技金融发展的关键是把握创新活动特性，提高融资效率，解决好资金配置"苦乐不均"、金融资本"趋利避害"、"耐心资本"供给不足等问题，重点是以培育耐心资本为重点，建设多元化融资体系，发挥好各类资金对科技创新的支持作用。

第一，构建科技、产业、金融协同配合的政策体系，合力推动新质生产力发展。要加强党对经济工作的集中统一领导，充分运用中央财经委员会、中央科技委员会和中央金融委员会等党中央决策议事和协调机制，建立健全

科技创新、产业发展、金融服务相互支撑的一体化政策框架和政策体系。特别是要强化建立健全科技创新、产业发展、金融服务的一体化政策体系，加强部门沟通协调，打通政策链，形成政策落地合力。要遵循科技创新和金融创新的客观规律，围绕产业链部署创新链，围绕创新链布局产业链，围绕创新链完善资金链，进一步完善以市场为导向，以企业为主体，政产学研用深度融合的创新体系。

第二，加强基础性制度建设，更好发挥资本市场在培育耐心资本中的关键作用。要以党的二十届三中全会精神为指导，健全投资和融资相协调的资本市场功能，防风险、强监管，促进资本市场健康稳定发展。要坚持稳中求进工作总基调。在稳定股票市场运行、稳定政策取向和稳定各方预期的前提下，坚持尊重注册制基本内涵、借鉴国际成功实践、体现中国特色和发展阶段特征三原则，加快推进发行监管转型，优化审核注册机制，继续扎实做好各项规则、标准和技术准备，确保改革平稳有序推进，最终提高上市公司质量，强化上市公司监管和退市制度。建立增强资本市场内在稳定性长效机制。在此基础上充分释放改革红利，推动长期资金入市，帮助风险系数较高、目前未盈利但前景广阔的科技创新企业通过资本市场获得稳定的资金支持。

第三，推动我国的风险投资等"耐心资本"持续健康发展。要从补齐税收优惠、人才保障、准入限制、退出机制等方面的短板入手，优化我国风险投资发展环境，为风投资金供求双方搭建沟通平台，实现风投机构规模壮大、资金来源多元化、风险管理能力提升的目标，为初创企业和新的技术发明成果商业化提供有力支撑。

第四，实施差异化的监管制度，鼓励各类金融机构加速形成耐心资本。对于政策性金融机构，要适当降低对其利润方面的考核和要求，将服务创新型企业户数、金额、利率、代偿率等作为衡量政策性金融机构绩效评价的主要指标。对于商业性金融机构，要通过监管政策、考核标准、奖励政策等综合手段全面提升其服务科技创新的意愿，加强窗口指导、政策辅导、监测统计、总结评估等，督促指导金融机构用好、用足、用活相关政策支持。

第五，加强财政资金与信贷资金在科技创新全过程中的联动。一要更加注重发挥财政资金"四两拨千斤"的杠杆作用，将财政资金集中用于国家战略科技力量、中小微企业风险补偿、企业信用融资担保领域，以政府投资撬动金融信贷资源流向科技、产业领域。二要提高财政资金的灵活度和使用效率，利用财政资金无偿支持科技创新前端研究，对后端成果转化主体进行股权投资，同时运用财政资金帮助企业增信，引导金融机构放大财政资金规模，加大金融机构对创新的信贷支持力度。三要充分发挥结构性货币政策工具作用，用好科技创新再贷款等工具，加大资金定向投放力度，直达市场主体，助力经济结构的优化，促进创新发展。

第六，更好发挥政府作用，为金融支持创新发展提供高质量公共服务。一要全面推进社会信用体系建设，健全基于市场主体信用的风险定价机制。建立健全覆盖全社会的征信系统，加快建立健全促进科技创新的信用增进机制、科技担保和再担保体系，设立由政府出资控股的集信用评级与担保为一体的综合服务平台。二要搭建金融服务平台，整合国家科技计划项目成果资源，建立科技成果转化项目库，向金融机构推荐科技成果，促进科技成果的资本化、产业化；发挥科技专家的特长和优势，为金融机构对科技企业信贷、投资提供专业咨询。

第2章　以壮大和发展耐心资本践行中国特色金融文化

金　巍[①]

> **导读**
>
> 　　积极培育中国特色金融文化是习近平总书记提出的重大命题，是国家金融战略的重要组成部分。耐心资本是奉行长期主义的资本，是一种战略资本、责任资本和未来资本，是践行中国特色金融文化的重要力量。壮大和发展耐心资本，能够切实践行坚持党的领导、以人民为中心及服务实体经济等金融发展理念，有助于"五要五不"价值重塑，有助于新时期金融发展义利观、经营观和创新观的重塑，推动金融高质量发展和金融强国建设。

　　壮大和发展耐心资本是我国新时期规范和引导资本市场健康发展的战略思路，已经成为我国资本市场深化改革的重要内容。壮大和发展耐心资本，体现了新时期开拓中国特色金融发展之路的全新理念，是中国特色金融文化的重要体现。

---

　　① 金巍，国家金融与发展实验室文化与金融研究中心副主任，北京立言金融与发展研究院副院长。

一、中国特色金融文化的内涵与体系构成

2024年1月，习近平总书记在省部级主要领导干部推动金融高质量发展专题研讨班的重要讲话中提出"积极培育中国特色金融文化"重大命题。中国特色金融文化是一种具有鲜明时代性的金融文化，是基于新发展阶段提出的重大命题。积极培育中国特色金融文化是金融高质量发展与金融强国建设的现实需要，是金融助力强国建设、民族复兴伟业的必然选择。

认识中国特色金融文化，应以国家金融文化为战略高度，以金融行业文化为主体，以微观金融企业个体的文化建设为基础，从多层面认识中国特色金融文化。中国特色金融文化是一个体系，体系内容主要包括思想指引、理念、价值观和行为规范等。

第一，中国特色金融文化以习近平新时代中国特色社会主义思想为思想指引，具体地说，是以习近平文化思想和习近平关于金融工作重要论述为思想指引。习近平文化思想是在马克思主义文化理论基础上、在中国特色社会主义文化建设实践中形成的理论总结，是习近平新时代中国特色社会主义思想的"文化篇"。习近平文化思想是我国社会主义文化建设的理论指针，也是中国特色金融文化培育的思想指引。习近平关于金融工作重要论述是习近平经济思想的重要组成部分，是在马克思主义政治经济学理论和金融理论基础上的理论升华，是习近平经济思想的"金融篇"，是指导中国特色金融文化培育的思想指引。

第二，中国特色金融文化是以中国特色金融发展之路相关思想为基础理念的文化体系。习近平总书记将关于中国特色金融发展之路的基本立场阐述为"八个坚持"，即坚持党中央对金融工作的集中统一领导，坚持以人民为

中心的价值取向，坚持把金融服务实体经济作为根本宗旨，坚持把防控风险作为金融工作的永恒主题，坚持在市场化法治化轨道上推进金融创新发展，坚持深化金融供给侧结构性改革，坚持统筹金融开放和安全，坚持稳中求进工作总基调。这"八个坚持"不仅是中国特色金融之路的基本要义，也是习近平关于金融工作重要论述的核心部分。"八个坚持"是对我国金融发展特殊性和规律性相结合的原创性认识，构成了关于中国特色金融发展之路的理念系统。

第三，中国特色金融文化的价值观是以中国特色金融文化的"五要五不"重要内容来构建的价值观体系。"五要五不"即诚实守信，不逾越底线；以义取利，不唯利是图；稳健审慎，不急功近利；守正创新，不脱实向虚；依法合规，不胡作非为。这"五要五不"，被认为是中国特色金融文化的"基本要义"，同时也是中国特色金融文化的"实践要求"。"五要五不"反映了我党关于金融发展的理念和对价值取向的基本要求，能够为文化建设实践和实际行动提供明确的指南，在中国特色金融文化体系中具有中轴地位，所以，"五要五不"具有中国特色金融文化中的价值观特征，构成了中国特色金融文化价值观基本架构。

第四，中国特色金融文化体系的行为规范，包括国家和政府层面、行业层面和企业层面三个层面制定的行为规范。金融文化体系中的行为规范，是价值观在行为系统的映照，是所有金融体系成员参与金融活动所遵循的规则和准则，是体系内普遍接受的具有一般约束力的行为标准。这些行为规范既包括行为规则、道德规范、礼制规范等软约束力规范，还包括法律规定、行政规章、团体章程、行业自律准则、金融业务标准和业务流程等硬约束力规范。行为规范是金融文化体系中的重要内容，培育中国特色金融文化，要将理念及价值观贯彻于行为规范当中。按照行为规范制定划分不同主体，主要有国家和政府层面、行业层面和企业层面的行为规范。

中国特色金融文化是我国国家金融战略谱系的重要组成部分，银行、证券、保险等金融行业都在积极学习和领会党中央和习近平总书记关于积极培育中国特色金融文化的重要指示精神，探索重塑我国金融文化的路径。耐心资本已经成为资本市场关键角色，也将成为践行中国特色金融文化的重要力量。

二、以耐心资本践行中国特色金融文化理念

耐心资本是奉行长期主义的资本，关注经济和金融发展基本面。在我国金融发展中，最大的基本面就是走中国特色金融发展之路。关于中国特色金融发展之路的思想表达构成了中国特色金融文化理念，在这个理念体系中，有三个理念具有基石作用：一是坚持党的领导，二是以人民为中心，三是服务实体经济。发展壮大耐心资本有利于践行这三个重要理念，同时在推进工作中应重点侧重践行这三个重要理念。

（一）以耐心资本践行坚持党的领导理念

坚持党的领导，落实到金融领域，就是要"坚持党中央对金融工作集中统一领导"。在中央金融工作会议上，习近平总书记用"八个坚持"集中概括了中国特色金融发展之路的基本要义，其中"坚持党中央对金融工作的集中统一领导"居于"八个坚持"之首。"八个坚持"是中国特色金融文化基本理念，坚持党的领导是中国特色金融文化体系中的首要理念。在金融发展中坚持党的领导，是我们在自党成立以来百年历程中得出的历史经验，是坚持中国特色社会主义道路和把握金融工作政治性的需要，也是我国进入新发

展阶段保持金融事业行稳致远长治久安的必然要求。

耐心资本是一种战略资本，主要来自社保基金、养老金，以及国有产业投资基金和奉行长期主义的私募股权基金。作为战略资本，对战略环境和政策环境更为重视，能够更好践行坚持党的领导理念，更好贯彻国家发展战略和相关政策。耐心资本在投资过程中，除了财务指标，对社会效益指标更为重视，如环境保护、社会责任、公司治理等。所以，发展壮大耐心资本，应推动更多资本转向长期投资、责任投资，动员更多国有资本和社会资本成为耐心资本，这对国家战略实施有重要意义。

从资本自身视角上，耐心资本应以坚持党的领导为首要理念，以"金融报国"为己任，积极服务党中央制定的国家金融战略。国家金融战略的重要特征之一是重视金融的社会属性，以公平与正义为发展金融价值追求，重视国家金融安全。耐心资本应强化服务国家战略意识，服务区域协调发展战略，服务乡村振兴战略，服务共同富裕战略，为社会公平做贡献。耐心资本要切实执行党关于金融工作的重大部署，尤其要以金融供给侧结构性改革为主线，服务好实体经济，防控金融风险，推动资本市场改革。

（二）以耐心资本践行以人民为中心的理念

在金融工作中坚持以人民为中心的理念，就是坚持以人民为中心的价值取向和发展思想，就是坚守金融工作的人民性。习近平总书记在中央金融工作会议上强调，"深刻把握金融工作的政治性、人民性""坚持以人民为中心的价值取向"[①]。以人民为中心的理念是我国金融文化理念与其他金融文化体系的根本区别之一。

---

① 习近平关于金融工作论述摘编［M］.北京：中央文献出版社，2024：13-15.

以人民为中心的发展思想和价值取向，是中国共产党根本宗旨的体现。中国共产党始终来自人民、服务人民、依靠人民、为了人民。在新发展阶段，党中央坚决贯彻为人民服务的宗旨，也要求将这一宗旨贯彻到金融工作当中。"人民至上"是习近平新时代中国特色社会主义思想的首要问题。在经济和金融工作领域，"以人民为中心的发展思想"体现了习近平新时代中国特色社会主义思想中的"坚持人民至上"思想。资本市场改革要坚持以人民为中心的理念，就要摒弃以融资为中心的思维。中国的资本市场有两亿多投资者，都是普通的人民大众，资本市场改革和建设方向是以投资者为中心，而不是以融资者为中心。

耐心资本是一种责任资本，资本规模大，有正外部性，较少受短期市场因素干扰，是资本市场的"中流砥柱"和压舱石，耐心资本与以人民为中心的理念具有天然的耦合性。在以人民为中心的理念下，耐心资本能够更好服务人民群众的生活需要。推动资本市场改革，应积极推动壮大耐心资本，推动投资端改革，统筹协调融资端和交易端，建立耐心资本入市相关机制。资本市场应积极满足人民群众投资、理财需求，增加人民群众的财产性收入。让人民普遍享受改革开放带来的财富红利，是推进新时期资本市场改革应关注的重点，耐心资本在这个推进过程中大有作为。

（三）以耐心资本践行服务实体经济理念

服务实体经济是金融的天职。在经济与金融的关系中，金融对经济具有重要驱动作用，同时要认识到，经济尤其是实体经济对金融有重要的支撑作用，没有实体经济支撑的金融繁荣，是虚假繁荣。在2017年的全国金融工作会议上，习近平总书记用"本分""天职""宗旨""立业之本"等词语数次强调了金融服务实体经济的极端重要性。他指出："回归本源，服务于社会经济发展。为实体经济服务，满足经济社会发展，是金融的本分。""金融是实体经济的血脉，为实体经济服务是金融的天职，是金融的宗旨，也是防范金融风险的根本举措。""为实体经济服务是金融立业之本。"[①] 在这次会议上，服务实体经济被作为金融工作三大任务之一，成为衡量金融改革成败的重要指标。我国已经进入新发展阶段，高质量发展是首要任务，需要一个能够与实体经济紧密绑定的资本供给机制，提出壮大耐心资本正是出于这样的战略考虑。

耐心资本是长期资本和未来资本，注重长线投资和价值投资。党中央高度重视实体经济的资本配置问题，对金融市场和资本市场的战略部署也逐步展开。不论是一级市场还是二级市场，具有长期主义投资理念的耐心资本都是稀缺的。壮大和发展耐心资本，有利于金融更好服务实体经济，真正满足企业的资本需求，这体现了党中央对调整我国资本市场投资文化和投资理念的重视。

壮大和发展耐心资本，应推动更多资本关注战略性新兴产业、未来产业等对国民经济具有重要意义的实体经济领域，助力实体经济稳步高质量发展。壮大和发展耐心资本，应结合"五篇大文章"，锚定服务实体经济目标，构建金融有效耐心资本支持实体经济的体制机制，特别应围绕落实"两个毫不动摇"（即毫不动摇巩固和发展公有制经济，毫不动摇鼓励、支持、引导非公有制经济发展），培育新型服务理念，为民营经济提供公平的投融资环境。

---

① 习近平关于金融工作论述摘编［M］.中央文献出版社，2024：50-52.

三、以耐心资本践行中国特色金融价值观

壮大和发展耐心资本，体现了中国特色金融发展之路的理念，有利于重塑中国特色金融文化价值观。在中国特色金融文化价值观中，壮大和发展耐心资本对重塑义利观、经营观和创新观有特别的意义。

第一，以耐心资本践行胸怀"国之大者"的义利价值观

以义取利，不唯利是图，是中国特色金融文化的义利观，这一价值观要求在金融发展中正确处理"义"和"利"的关系。习近平总书记指出："要以义取利，不唯利是图。中华优秀传统文化强调'先义而后利者荣，先利而后义者辱'，见利忘义一向为君子所不齿。金融具有功能性和盈利性双重属性，盈利要服从功能发挥。金融行业要履行好社会责任，实现金融与经济、社会、环境共生共荣。"[①]中国传统文化中的义利观向来以义为先，义利兼顾。中国特色金融文化以义取利的义利观，是由中国共产党和社会主义性质决定的，要求追求服务人民的大义，而不是只顾及个人和小集体的私利。

改革开放以来，很多机构的文化建设在义利之间摇摇摆摆。一段时间内单纯逐利倾向严重，唯利是图现象频发。资本市场投机主义盛行，少数人致富，多数人被"割韭菜"，没有体现以人民中心的文化价值观，这种现象需要遏制。西方金融危机的爆发，已经将西方金融业功利主义义利观的弊端暴露无遗，值得我们警惕。

耐心资本是责任资本，通过积极培育中国特色金融文化的义利观，明确

---

① 习近平关于金融工作论述摘编［M］.北京：中央文献出版社，2024：172.

人民性和政治性为最大的"义"，能够最大程度体现金融文化的以义取利价值观。耐心资本注重长期收益和社会责任，能够平衡金融的功能性和盈利性双重属性，服务好经济发展、社会进步和生态文化建设。应积极发展壮大耐心资本，以"国之大者"为义利观的参照系，心系国家民族命运，服务服从国家发展大格局、大利益，在经营中培育以义取利价值观，奉行长期主义，避免以牺牲人民利益和国家利益为代价来换取短期利益。

第二，以耐心资本践行稳健审慎价值观

稳健审慎价值观是中国特色金融文化的经营观、业绩观。习近平总书记指出："要稳健审慎，不急功近利。中华优秀传统文化强调'欲速则不达，见小利则大事不成'。国际上一些金融机构能够成为百年老店，基业长青，最重要的秘诀是稳健审慎。金融行业要树立正确的经营观、业绩观和风险观，稳健审慎经营，既看当下，更看长远，不贪图短期暴利，不急躁冒进，不超越承受能力而过度冒险。"[1]在中华文化传统中，审慎是一种重要的处事原则。人们在行动之前需深思熟虑，以确保自己的选择有价值、有正当性，这时，审慎就体现了巨大的文化价值观意义。

金融业是风险较高的行业，稳健审慎原则在金融和资本市场中具有非常重要的地位。我国证券基金行业将"合规、诚信、专业、稳健"作为行业文化理念，稳健是其中的重要组成部分。在投资理财领域，稳健投资、稳健理财日渐成为一种主流投资理财策略。但是，近年来我国资本市场急功近利现象较为严重，很多机构投资者都成为投机主义者，追逐短期利益，导致忽视责任和义务，滥用职权，轻则使企业经营受到不必要的损失，严重的会导致违法和犯罪。

---

① 习近平关于金融工作论述摘编［M］.北京：中央文献出版社，2024：172.

耐心资本是稳健资本，能够更好践行资本市场稳健审慎价值观。资本市场具有复杂性和不确定性的特点，稳健审慎的原则，要求从业者在决策时必须保持清醒的头脑，对各种风险进行全面评估。稳健审慎正是耐心资本所遵循的重要原则。耐心资本追求长期投资目标，为了这个目标，不会急功近利，在金融市场和资本市场上具有压舱石的作用。稳健审慎价值观，体现了我国金融文化建设中稳中求进总基调和防控风险的主题。处理好"稳"和"进"的关系，是走中国特色金融发展之路的重要特征。耐心资本是"稳"和"进"对立统一关系的良好体现，对风险有较高承受力，是防控资本市场风险的屏障。近年来，我国资本市场呈现明显风险，实体经济高杠杆、产业资本金融化等现象引起了决策层的高度关注，发展耐心资本将有助于加强防控资本市场风险的力量。

第三，以耐心资本践行守正创新价值观

中国特色金融文化的守正创新价值观是服务实体经济的价值观，是脱虚向实的金融价值观。习近平总书记指出："要守正创新，不脱实向虚。关键是解决好金融为谁服务、为什么创新问题，紧紧围绕更好服务实体经济、便利人民群众推动创新，不能搞伪创新、乱创新。"[①]"中华民族是守正创新的民族"，这是习近平总书记在文化传承发展座谈会上做出的论断。金融创新要继承和发扬中华优秀传统文化中守正创新的传统。创新是推进金融发展的重要驱动力，但创新要以守正为前提。创新"正"与"不正"，要看为什么创新。在新发展阶段，金融创新是否"正"的标准在于是否服务实体经济，是否满足人民的金融需求。

耐心资本是守正资本。以耐心资本践行守正创新价值观，首要任务是推

---

① 习近平关于金融工作论述摘编［M］.北京：中央文献出版社，2024：172.

动相关合作者的金融创新行进在创新的轨道上。近年来，我国金融资本大量流入资本市场，参与资本市场投资和投机，金融机构的金融工具过度创新和使用，大量资金通过各种创新工具（资产证券化、衍生品等）在虚拟经济里"空转"，进行"钱生钱"的资本游戏。这种"虚拟经济"式的创新危害的是实体经济，损害的是全体人民的利益。国际上，自20世纪90年代以来，由于过度金融创新导致"金融丑闻"频发，最终助推了金融危机的爆发。耐心资本应在企业创业、成长和成熟期均扮演战略枢纽作用，要推动银行、保险、证券等共同服务实体经济，在金融产品创新、服务创新、模式创新和市场创新等方面，以服务实体经济为导向和价值取向。

耐心资本践行守正创新价值观，应重点助力发展新质生产力。新质生产力的特色就是创新，是以全要素生产率大幅提升为核心标志的先进生产力。新质生产力仍然强调创新起主导作用，但不同的是，符合新发展理念的才是真正的新质生产力。金融赋能新质生产力，要坚持创新驱动发展战略，以金融高质量发展为首要任务，以战略性新兴产业和未来产业为抓手，服务实体经济发展。所以，应发挥耐心资本作为战略资本的引导作用，引导更多资本向新质生产力集聚。要积极支持产业创新，关注传统产业升级、战略性新兴产业和未来产业，为创新提供坚强的资本支撑。

四、结语

中国特色金融文化是一种国家金融文化软实力，是我国新时期金融治理的德治力量，是中国特色社会主义文化的重要组成部分。积极培育中国特色金融文化是新发展阶段我国金融发展战略的重要组成部分。积极培育中国特色金融文化与壮大和发展耐心资本有密切的关系。耐心资本是战略资本、责任资本，是稳健资本、未来资本和守正资本，奉行长期资本主义。壮大和发展耐心资本，符合高质量发展经济规律，符合新发展阶段中国特色金融发展之路的理念，将成为践行中国特色金融文化的重要力量，而耐心资本也应更好助力中国金融文化重塑，为新时期积极培育中国特色金融文化贡献力量。

耐心资本的"主战场"

第3章　银行业如何拥抱耐心资本

李　健　侯伟凤　武亚飞[①]

■ 导读：

> 　　发展耐心资本是加快建设金融强国、推动经济转型和高质量发展的必然要求。在我国以间接融资为主的金融体系中，银行业在发展耐心资本中扮演着重要角色，但也面临着银行投研能力相对不足、资本市场内在稳定性有待提升、市场跨业竞争越发激烈等问题。银行业要聚焦主责主业，聚力做好金融"五篇大文章"，优化金融供给，引导耐心资本流向国家长期重大战略的领域，切实走好中国特色金融发展之路。

一、引言

　　发展耐心资本，是贯彻落实党中央决策部署、加快实现高水平科技自立自强、推动新质生产力发展的关键举措。在我国以间接融资为主的金融体系中，银行业的金融总资产占金融业总资产近九成，在发展耐心资本中扮演着重要角色。本章在深入分析发展耐心资本重要意义的基础上，系统讨论了银

①　李健，中国银行业协会研究部主任。
　　侯伟凤，中国银行业协会研究部博士后研究员。
　　武亚飞，中国银行业协会研究部博士后研究员。

行业拥抱耐心资本的本质价值、未来展望及其面临的问题与挑战，针对性地提出了具体路径举措。

二、发展耐心资本的重要意义

耐心资本是指以长期价值创造为目标，对风险具有较高容忍度，能够跨越经济周期波动，通过长期稳定的股权、债权资金支持方式，助力企业增强科技创新能力、实现可持续发展的资本形态，具有坚持长期主义、聚焦价值投资、锚定责任投资、耐受风险波动等特征。**从投资期限和投资目标来看，**耐心资本不以追求短期收益为首要目标，更注重长期投资、价值投资，重视企业创新和发展的核心能力，并寻求相对长期且稳健的回报率。**从风险偏好和行为特征来看，**耐心资本具有较高的风险容忍度，受市场短期波动的干扰较小，能够提供持续而稳定的资金支持，有效支持新型基础设施建设、战略性新兴产业等周期长、见效慢的项目。**从具体形态来看，**耐心资本分为战略型股权和关系型债权。战略型股权通常由机构投资者持有，其特点是长期持股并深度参与公司治理；关系型债权的投资主体则更为多样化，包括VC/PE、养老基金、保险基金、企业年金、超长期特别国债、政策性开发性金融工具、长期贷款等。

（一）有助于推动宏观经济高质量发展

第一，有助于促进经济转型升级。塑造发展新动能新优势是推动经济高质量发展的关键。中国经济已转向高质量发展阶段，正处于转变经济发展方式、优化经济结构、转换增长动力的关键时期。当前，外部环境的复杂性、严峻性、不确定性上升，国内经济面临着有效需求不足、部分行业产能过剩、社会预期偏弱、风险隐患仍然较多等挑战，传统依赖资源和资本投入的经济增长模式已经难以适应当前的经济环境和发展需求。中国亟须寻找更为持久和内生的新动力，深化金融供给侧结构性改革，发展与之相适应的金融工具，推动经济高质量发展。耐心资本的培育和发展与国家经济社会长期发展战略相契合，投资方向与"建设现代化经济体系、推进高水平科技自立自强、加快构建新发展格局"等战略任务相一致，推动形成更加可持续和包容性的经济增长模式，促进"科技—产业—金融"良性循环，促进经济整体转型升级。

第二，有助于为政策制定提供稳定环境。耐心资本提升了资本市场的稳定性和预见性，长期投资者通常更关注资产的长期价值和基本面，投资决策更为理性和稳健，为政府制定经济政策提供了更灵活的空间。耐心资本的参与使政府在实施宏观经济调控和制定产业政策时，能够更加稳定地预期市场反应和资本流动，更有信心地推行长远的战略和政策。

（二）有助于培育新质生产力

耐心资本能适应大投入、长周期、高风险的新要求，是发展新质生产力的重要支撑。

第一，助力突破重点领域技术攻关，实现高水平科技自立自强。自主科技创新是驱动新质生产力发展的核心引擎。从投资方的角度来看，耐心资本能够优化资源配置，着眼长远价值创造。耐心资本所推崇的长期投资理念，促使多样化的社会资本主体从追求短期收益转向注重长期价值，促进"硬科技"与资本有效对接，从而引导更多资金流向诸如基础硬科技和关键核心技术攻关等需要长期投入且对国家未来至关重要的领域。从企业角度来看，在耐心资本的支持下，企业能够减轻短期盈利的压力，进行长远的战略布局，在基础研究、应用研究和成果转化等领域持续投入，攻克前沿技术难题，提高科技创新成功概率和成果转化应用效率，从而在科技竞争中占据制高点，最终实现关键技术的自主可控，助力中国在全球新一轮科技革命与产业变革中赢得先机。

第二，推动传统产业转型升级，激发经济发展新动能。一是耐心资本能够推动传统产业实现数字化和智能化转型。数智技术是驱动传统产业转型升级的关键力量，通过应用数字技术和智能技术来重塑生产流程、创新管理模式，以及变革商业模式，是传统产业转型升级的重要路径。耐心资本可以鼓励和支持传统企业积极融入数字化和智能化的浪潮，利用新技术提高生产效率和产品附加值，从而打造新的竞争优势。**二是**耐心资本能够引导传统产业走上绿色低碳的发展道路。绿色低碳已成为未来产业发展的必然趋势，耐心资本可以引领传统企业践行可持续发展的理念，增加对环保节能的投资，发展绿色低碳技术，推进产业的绿色化和循环化改造，实现经济效益和生态效益的双重提升。**三是**耐心资本能够通过支持传统企业增加技术研发投入，引进先进技术和专业人才，推动产品的更新换代和工艺流程的优化改进，不断强化传统产业在市场上的竞争力，助力传统产业向价值链更高层次迈进。

第三，加速未来产业布局建设，构建现代化产业体系。一是耐心资本秉持的长期投资理念，能够为未来产业发展提供宝贵的试错空间。未来产业在其发展初期，无论是技术路线还是商业模式都充满了不确定性，需要经过反复试验与调整才能找到正确的方向。耐心资本能够承受这一阶段的试错成本，鼓励企业在没有短期业绩压力的情况下大胆创新与探索。**二是**耐心资本能够为未来产业提供持续且稳定的资金支持。许多未来产业在成长过程中会遭遇资金短缺的问题，特别是在产品研发和市场推广等关键阶段，极易停滞或失败。耐心资本的适时介入，可以帮助这些产业攻克难关，助其跨越

"死亡之谷"，完成从技术研发到产业化应用的关键转变。

（三）有助于加快构建中国特色现代金融体系

第一，优化金融体系结构。我国金融业态仍以间接融资为主，直接融资比重相对较低。截至2024年9月末，直接融资在社会融资存量规模中的比重为29.98%。直接融资中股权融资和债权融资也存在发展不平衡的问题。境内股票融资在直接融资存量中占比仅为9.62%。虽然近年来我国持续推动多层次资本市场的建设，直接融资占比呈现波动上行趋势，但是融资结构仍然存在优化的空间。耐心资本倾向于直接投资于企业股权，降低了企业对短期债务的依赖，有利于增加直接融资占比，能够成为优化直接和间接融资、股权和债权融资比例关系的重要动力，持续疏通长期资金进入实体经济，防范化解间接融资体系下金融风险集聚的结构性隐患。

第二，改善金融资源配置。**一是**促进长期投资。耐心资本倾向投资具有长期增长潜力的项目和企业，这有助于引导金融资源向实体经济和关键领域流动，提高金融资源配置的效率。**二是**支持可持续发展。耐心资本鼓励企业关注环境保护、社会责任和公司治理等长期议题，并愿意提供长期资金支持，有助于推动经济社会可持续发展。

第三，提升金融市场稳定性。耐心资本稳健审慎的投资经营策略，是金融稳定的重要"压舱石"。耐心资本具有较强的抗风险能力和安全性，有助于减少市场的短期波动和投机行为，维护金融市场的稳定健康发展。**一是**耐心资本倾向于采取稳健的投资策略。我国金融市场短期资金的快进快出现象较为常见，存在不少短期投机与价格操纵行为。耐心资本稳健的投资策略有助于投资者在面对市场不确定性时保持冷静，避免了恐慌性抛售和短期逐利行为，有效缓解了金融市场的过度波动。**二是**耐心资本的投资者具备专业的风险管理能力。耐心资本采取多样化投资组合等方式管理风险。耐心资本投资者事先深入调查和研究，评估投资的潜在风险和回报，有助于识别和避免投资陷阱。**三是**耐心资本有助于减少期限错配。耐心资本的长期投资属性与企业的长期发展周期更加匹配，降低了错配风险，使得耐心资本合理分享企业成长回报，实现相互促进、协同发展。

三、银行业拥抱耐心资本的本质、价值及趋势

（一）银行业拥抱耐心资本的本质

对于我国银行业来说，较高的居民储蓄率是发展耐心资本的重要条件。银行业通过期限管理，可以较好地实现"借短贷长"。银行可以通过调整资金配置，发放长期贷款和直接投资，将资金投向需要长期投入的领域，如科技创新、绿色能源、基础设施等。银行的短期资本和长期资本缺一不可，前者为市场提供流动性，后者实现价值投资、战略投资、责任投资等功能性。

（二）银行业拥抱耐心资本的价值

第一，增强银行业竞争力。一是增强战略定力和能力。耐心资本鼓励银行关注更长远的发展，而非仅仅关注短期利润，有助于银行制定并实施更具前瞻性的战略规划，包括技术创新、新业务模式探索、人才培养等，从而在未来的市场竞争中占据有利地位。**二是**推动技术创新与升级。银行需要不断投入资源进行技术创新和系统升级，以提供更加便捷、高效、安全的金融服务。耐心资本为银行提供了稳定的资金支持，使其能够大胆尝试新技术、新应用，提升客户体验，增强市场竞争力。**三是**创新金融产品和服务。为了更好地培育和发展耐心资本，银行坚持金融供给侧结构性改革，持续探索创新

"股权直投"新模式、新机制、新产品，持续为企业提供全生命周期、全链条金融服务支持。

第二，提升风险防控能力。一是优化信贷结构。耐心资本更加注重长期回报和价值投资，这有助于引导银行优化信贷结构，减少对高风险、高收益但短期波动的项目的依赖。银行可以更多地关注具有长期增长潜力和稳定现金流的企业和项目，从而降低信贷风险。二是提升风险管理能力。耐心资本的投资理念要求银行具备更强的风险管理能力。为了获得长期回报，银行需要对投资项目进行深入的尽职调查和风险评估，确保投资决策的准确性和科学性，有助于银行更好地应对各种潜在风险。

（三）银行业拥抱耐心资本的趋势

第一，政策发力为银行业拥抱耐心资本提供了广阔空间。监管机构多措并举打通银行业拥抱耐心资本的堵点卡点。如，2024年9月，国家金融监督管理总局办公厅印发了《关于做好金融资产投资公司股权投资扩大试点工作的通知》《关于扩大金融资产投资公司股权投资试点范围的通知》，把金融资产投资公司股权投资试点范围由上海扩大至北京、天津、上海等18个大中型城市，并适当放宽股权投资金额和比例限制，进一步完善尽职免责和绩效考核体系，为银行业培育壮大耐心资本拓宽了渠道。再如，中国人民银行2024年推出了股票回购、增持专项再贷款，首期额度达到3000亿元人民币，未来视情况扩大规模，以支持和鼓励上市公司及其主要股东进行股票回购和增持，为股票市场提供长期信贷资金。

第二，银行业与耐心资本存在差异化竞争关系。一是投放对象的同一性。耐心资本通常专注于长期回报的项目，如科技创新、绿色能源、基础设施等，这些领域也是银行业寻求新增长点的重要方向。为了吸引和保留客户，二者在服务质量、产品创新和利率等方面展开竞争。**二是**投资理念的差异性。银行业在投资时往往更加注重风险控制和短期收益，而耐心资本则更注重长期回报和项目的社会价值，这种投资理念的差异可能导致两者在投资决策上产生分歧和竞争。

第三，银行业与耐心资本存在合作关系。**一是**联合开展投资。银行业与风险投资和私募股权等耐心资本可以通过信息共享的方式筛选出具有潜力的投资项目，共同投资、实现共赢。**二是**打造综合化服务。银行可充分发挥金融资产投资公司、基金、理财、金融租赁等各类牌照优势，共同打造综合化服务生态链条。

第四，耐心资本赋能银行资本补充。耐心资本的投资理念是长期投资和价值投资，与银行稳健经营、长期发展的理念相契合。银行通过发行股票、债券以及各类混合债券等方式吸引"志同道合"的耐心资本，实现稳健可持续的双赢。特别是耐心资本作为银行股东时，其凭借丰富的行业经验和专业知识，通过多种渠道参与银行治理，促进银行转型升级和创新发展，以发挥股东积极性创造投资回报。

四、银行业拥抱耐心资本的问题与挑战

在实践中，银行业拥抱耐心资本仍面临着诸多问题与挑战。

（一）银行投研能力相对不足

新质生产力引领的现代产业具有长周期、高投入及不确定性等特征，银行业需要具备足够的投资定力和远见。目前，银行短期利益驱动的投资理念仍然盛行，忽视了长期价值和稳健回报的重要性，在企业全生命周期投资和

风险管理等方面经验较为缺乏，信贷业务模式相对传统，难以与耐心资本做到投资匹配。

（二）资本市场内在稳定性有待提升

一是资本市场运作机制尚不成熟。资本市场退出机制不健全，制约了耐心资本的流动性和灵活性，降低了银行发展耐心资本的积极性。**二是**资本市场存在复杂性和不确定性。特别是外部风险溢出的影响不断提升，如贸易摩擦、地缘政治等，使得银行长期投资面临较大风险。

（三）市场跨业竞争越发激烈

以基金、保险等为代表的金融机构，其资金的长期属性更为显著，产品设计和经验积累更加丰富，在发展耐心资本方面具有明显优势，给银行业带来一定挑战。同时，非银行金融机构通常具有更灵活的业务模式，能够更快速地响应市场变化和客户需求，迅速调整产品策略，推出符合市场趋势和客户需求的新产品，从而吸引更多的耐心资本。

五、银行业拥抱耐心资本的路径举措

发展耐心资本是加快建设金融强国、推动经济转型和高质量发展的必然要求。银行业通过引导耐心资本流向支持国家长期重大战略的领域，与金融做好"五篇大文章"紧密结合，是走好中国特色金融发展之路的切实举措。

（一）做好科技金融大文章，赋能服务新质生产力

第一，抓好科技金融战略引领。锚定科技创新战略定位，从客户营销、

产品创新、机制建设等方面制定具体战略举措，推动自身业务发展与国家创新驱动发展战略紧密融合。聚焦战略性新兴产业、创新项目和新质生产力客户，树立长期投资理念，重构服务模式，破除金融、科技、产业融合发展的堵点和障碍，助力新质生产力形成。

第二，完善支持科技创新的体制机制。一是建立科技金融服务创新容错免责机制，探索较长周期的绩效考核方案，适当提高不良贷款容忍度，激发一线服务的积极性、主动性、创造性，切实做到"善贷""愿贷""敢贷"。**二是**建立风险抵补机制，通过设立递延账户延期还本付息，实现科技型企业信贷风险的跨周期调节和平衡，持续激发科技金融发展的动力活力。**三是**健全科技金融专营组织。在科创资源聚集、科技型企业集中的区域，深入推进机构专营化，配备专业经营团队，精准对接科技型企业融资需求。**四是**探索建立外部专家库，加强与政府部门、外部专业机构和行业协会合作，借助"外脑"提高研究判断能力。

第三，加大金融产品与服务创新。银行现有金融产品多以短期为主，难以适应科创型企业融资需求。**一是**丰富"耐心"金融产品和服务体系。积极开展知识产权质押融资、知识产权挂钩贷款、供应链金融、科创票据、并购贷款等业务，深化投贷联动服务，提供覆盖科技型企业全生命周期、科技产业全链条的金融服务。**二是**强化综合投行业务。培育"投行+投资+投研"的综合金融服务体系，形成投融资一体化的综合金融服务模式。推进金融资产投资公司股权投资试点业务，探索银行业支持科创投资新渠道。

第四，融合"政、银、投、保、担"生态圈资源。开展内外联动，打造综合金融产品服务体系，推动形成有效对接、多方联动、共同发展新格局，为科技型企业提供全生命周期的多元化、立体化、接力式金融服务。例如，银行与VC/PE联合投资初创企业，通过共享投资信息和风险，发挥好股权融资和债权融资的两种机制、两类优势，有效解决初创企业融资难点和痛点。又如，银行与国有资本运营公司、国有资本投资公司合作，为两类公司股权投资创设专属科技信贷产品，形成国资引导、多方参与、优势互补的银企合作新局面。

（二）做好绿色金融大文章，促进社会可持续发展

第一，加大绿色产业资金投放。 耐心资本为绿色金融项目提供了稳定的资金来源和长期的支持，有助于绿色金融项目的顺利实施和可持续发展。银行业要加大绿色产业投资，增加长期信贷投放，针对特定绿色行业需求推出创新产品，如在清洁能源领域，针对国家可再生能源电价补贴应收账款推出补贴确权贷款相关产品。加大绿色债券、绿色基金、绿色保险等金融工具创新，与耐心资本紧密结合，共同推动经济的绿色转型和可持续发展。

第二，大力探索转型金融发展。 在转型金融产品方面，现阶段已有的转型金融产品主要包括可持续发展挂钩信贷、转型债券和可持续发展挂钩债券等，其中发展较为成熟的是可持续发展挂钩信贷。银行业要加大对转型金融的探索，结合耐心资本，开发转型金融产品，如可持续发展挂钩信贷、转型债券、可持续发展挂钩债券等，为高碳行业向低碳、绿色方向转型提供资金支持，同时降低投资风险，提高投资回报，满足耐心资本对于长期回报和风险控制的需求。

第三，积极践行ESG理念。 从支持社会经济角度看，银行要积极贯彻落实《关于加快经济社会发展全面绿色转型的意见》，推动绿色金融与ESG项目，培育ESG投资优势，打造自身ESG体系，积极支持绿色项目和清洁能源发展，通过提供绿色贷款、绿色债券等金融产品，引导资金流向环保领域，促进经济社会可持续发展。从银行自身角度来看，银行要将ESG理念融

入公司治理体系，积极履行信息披露义务，重视自身的绿色运营，持续推进经营活动节能降耗，推进绿色办公和无纸化办公，推进低碳节能建筑等。

（三）做好普惠金融大文章，打造陪伴式服务模式

第一，陪伴小微企业共同成长。建立以客户为中心思维，耐心陪伴普惠小微企业成长，打造陪伴式服务模式。**一是深入了解客户需求**。通过了解小微企业全生命周期的金融需求，提供个性化、定制化的金融服务方案，实现精准服务。**二是**建立长期陪伴关系。建立与小微企业长期联系和陪伴关系，不仅提供金融服务，还关注其成长和发展，提供必要的支持和帮助。**三是**强化金融知识普及。加强金融知识普及和投资者教育，提高小微企业的金融素养和风险意识，使其能够更好地选择和使用金融产品和服务。

第二，打造数字普惠金融模式。银行应针对小微企业"短小频急"的融资需求，深化运用大数据、云计算、区块链、人工智能等数字技术，强化对数据流与信息流的分析，突破信息不对称障碍，有效降低金融服务的门槛和成本，重构信用评价体系，赋能客户智慧管理，更加准确地匹配客户潜在的金融服务需求，缓解小微企业融资难题。持续简化业务流程，延伸服务链条，催化业务模式和服务过程的裂变，构建产品多元、服务智能和流程高效的数字普惠金融生态，不断增强普惠金融的下沉深度和服务质效。

第三，优化普惠金融供给生态。持续优化普惠金融业务结构，创新服务方式，加大对小微企业首贷、信用贷、续贷和中长期贷款的投放。同时，银行应由提升金融服务的可得性转向培育创富能力，优化专业化服务能力，由提供信贷服务转向多元化、全周期金融服务，夯实普惠金融长效健康发展机制，加强与证券、保险、非银等金融机构协调合作，合力共建普惠金融全方位供给生态。

（四）做好养老金融大文章，适应银发经济新生态

第一，打造养老金金融领先范式。养老金是市场主流的长期资金来源之一，将养老金作为耐心资本进行投资，可以充分发挥其长期性和稳定性的优势，为养老金融提供源源不断的资金支持。银行要重点关注养老金管理，积极开展受托直投，探索年金投融资对接服务，针对企业年金和职业年金的综合金融服务方案，提供账户管理、资金托管、投资管理等一站式服务，优化养老金投资和运营管理，助力养老金保值增值。

第二，抢抓养老金融服务战略机遇。银行应运用大数据、人工智能等技术手段，深度挖掘、精准洞察老年群体的消费习惯、偏好和需求，把握老年群体生命周期不同阶段养老金融服务需求，开发多样化的养老金融产品，包括储蓄存款、理财产品、基金、保险等，满足不同客户的养老需求，并针对高净值客户，提供定制化、专属化的养老金融服务方案，积极响应国家政策号召，为构建多层次养老保障体系贡献力量。

第三，瞄准养老产业金融未来趋势。随着我国人口老龄化程度的不断加深，养老产业迎来重要发展窗口，未来养老产业金融市场规模将持续扩大。银行应结合耐心资本，将养老产业金融作为重要业务领域进行布局，创新运用贷款、股票和保险等多元化融资工具，聚焦旅居康养、智能设备、医养结合、老年教育等重点领域，加大资金投入，助力银发产业形成完备产业链。

（五）做好数字金融大文章，打造数字化服务场景

第一，拓展数字金融场景应用。银行要持续拓展数字金融场景应用，激发"金融+科技+数据"要素倍增效应，积极携手同业和标杆企业，着力构建数字金融生态，打造数字化的产业金融服务平台，加强场景聚合、生态对

接，对内提升数字金融管理效能，对外提升数字金融服务能力，实现"一站式"金融服务。深化数字技术支持，持续推进企业客户业务线上化，以数币金融丰富应用场景，打造全周期数字化服务生态。

第二，强化数字技术迭代应用。 数字金融的发展为耐心资本提供了更便捷的资金流动渠道，使得长期投资资金的筹集和配置更加高效。银行要培育数字基因，从底层重构业务逻辑，坚持用数字化思维和手段重构金融产品体系，以数据驱动实现业务决策智能化、资源配置精准化、风险管理实时化。不断夯实数字金融发展新底座，超前布局与投资数字金融发展的基础设施，切实以科技力量推动数字化转型，不断迭代数字金融产品、业态和模式，有力提升数字金融服务实体经济质效。

第三，加大外部企业数字化赋能。一是开发专属系统。银行应开发具有自主知识产权的数字化产品，如司库信息系统、财资管理云等，通过联动企业核心业务系统、财务系统等，推动企业实现账户、结算、投融资等业务的线上化集中管理。**二是**提供定制化解决方案。针对不同行业、不同规模企业的需求，提供定制化的数字化解决方案，帮助企业解决在数字化转型过程中遇到的具体问题。**三是**构建产业生态。围绕企业的数字化需求，构建包括金融机构、科技企业、行业协会等在内的产业生态体系，实现资源共享和互利共赢。

（六）苦练内功强本领，提升耐心资本发展能力

第一，要"看得懂"。 紧跟国家重大战略部署，建立长周期投资视野，加强对新兴产业、未来产业的分析研判，准确把握行业发展规律，精准评价企业实际价值，合理做出投资决策，真正做到心中有数。

第二，要"行得通"。 随着经济波动和市场不确定性加剧，银行要建立

更加有效的风险监测评估体系，持续优化风控流程和技术，逐步降低对传统抵质押物的依赖，创新长期风险与收益相匹配的融资模式，增强商业可持续性。

第三，要"做得到"。加快数字化转型，充分运用大数据、云计算、人工智能等数字技术，针对科技型企业开发相适应的估值方法和授信体系，构建清晰企业画像，为投资提供可靠决策依据。

第四，要"守得住"。应加强对投资项目的尽职调查和风险评估工作，加强常态化监督和管理，做好对投资风险的有效管控。

第4章　壮大耐心资本　加大资本市场长期资金供给

龚　芳　袁宇泽　王婧文[①]

导读：

> 近年来我国耐心资本呈现快速发展态势，资本规模稳步增长，投小、投新、投早、投硬科技的特征日渐显著。与此同时，耐心资本在募投管退环节仍面临一系列挑战，地方政府出资占比过高，实体投资与金融存在分歧，投后管理能力不强及退出渠道受限等问题仍较突出。未来培育壮大耐心资本可从五方面发力：一是积极撬动社会资金，加大长期耐心资本供给；二是建立长周期的考核机制；三是消除多元投资主体分歧，推进金融投资与实体投资融合发展；四是做强投后管理，赋能新质生产力发展；五是畅通退出渠道，为耐心资本提供更多流动性安排。

发展耐心资本是加快建设金融强国、推动经济转型和高质量发展的必然要求，耐心资本所倡导的长期投资和价值投资的理念，与中国经济高质量发展阶段的需求高度一致。当前我国耐心资本呈现快速发展的态势，募资端政府资金LP持续发挥重要的资金支持作用，占比超过50%，金融机构、社保基金等LP出资占比逐步提升。创投基金和成长基金募资较为活跃，小规模

---

① 龚芳，申万宏源研究政策研究室主任、首席研究员。
　袁宇泽，申万宏源研究资深高级研究员。
　王婧文，申万宏源研究研究员。

基金的数量占比稳定上升。股权投资前移趋势明显，对硬科技的投资也已成为市场主旋律，行业整体呈现投早、投小、投新趋势。

股权投资行业快速发展的同时，其募投管退各环节均存在一定堵点，影响了耐心资本的产生、壮大、发挥作用。募资方面，耐心资本来源结构单一、规模不足，银行、保险等资金进入股权投资过少，我国股权投资基金募集过程中金融机构出资占比仅5%左右；资金来源过于依赖地方产业资金，2024年国有参控股LP出资规模占比超过八成。投资方面，金融家与企业家对产业链发展和科学技术迭代路径的认知不一致，导致股权投资与实体投资逻辑存在分歧，进而导致可投项目少、能投项目贵，2022—2023年股权投资基金募集资金达到约2万亿元，投资金额不足1万亿元。管理方面，一方面，耐心资本投后管理能力参差不齐，难以满足企业需求；另一方面，投资方过度介入被投企业也会对企业经营管理造成干扰。退出方面，耐心资本过于依赖IPO退出，二级市场发展环境对一级市场股权投资的影响较大，2020—2022年股权投资项目通过IPO实现退出的案例占比达到63%，远高于发达市场。

要从五方面壮大耐心资本，加大资本市场长期资金供给。一是丰富耐心资本供给，优化政府产业投资基金治理方式，推动QFLP试点扩容，鼓励银行、保险、社保基金等资金进入股权投资市场。二是优化对耐心资本的考核机制，完善政府主导型产业投资基金的绩效评价机制，延长保险资金考核周期，并建立容错机制。三是推进实体投资、产业投资与证券投资一体化发展，搭建多元对接平台，完善金融市场估值方法，推动三类投资定价逻辑一致化，促进传统和新兴产业融合发展，避免金融投资异化。四是发挥专业投资机构的作用，做好耐心资本的募投管理，完善股权投资机构相关政策环境，培育大型本土股权投资机构，推进专业投资机构强化对被投企业全周期市场化管理。五是丰富耐心资本的退出渠道，给予更多流动性安排。一方面，完善并购重组制度，使得并购成为私募股权投资重要的退出渠道。另一方面，发挥区域股权市场在推进私募股权二级市场交易上的重要作用。

一、耐心资本对于资本市场的发展至关重要

2023年12月14日，证监会部署2024年重点工作，提出要"推动健全有利于中长期资金入市的政策环境，引导投资机构强化逆周期布局，壮大耐心资本"，这是"耐心资本"概念首次被提出。证监会2025年系统工作会议进一步强调，"发展多元化股权融资，培育壮大耐心资本。"从境外经验来看，创投基金等耐心资本是资本市场发展成熟到一定阶段后的产物，其最大特点是风险高、投资周期长。从市场规律来看，越是发展成熟的市场，其耐心资本越多，耐心资本对市场的影响也越大，只有发展时间足够长，经历很多代人、很多轮兴衰周期的资本市场，才会产生足够多"有耐心的资金"愿意支持创业公司。

发展耐心资本是加快建设金融强国、推动经济转型和高质量发展的必然要求。耐心资本所倡导的长期投资和价值投资的理念，与中国经济高质量发展阶段的需求高度一致。通过引导耐心资本流向支持国家长期重大战略的领域，与做好金融"五篇大文章"紧密结合，有助于营造更加稳健和前瞻性的投资环境，推动形成更加可持续和包容性的经济增长模式，促进经济整体转型升级。耐心资本为科技创新注入金融活水，是发展新质生产力的重要"助推器"。耐心资本立足全生命周期视角，为科技创新企业提供持续稳定的资金流，有助于企业专注于技术突破和产品完善，从而加速科技成果

的转化和应用。培育耐心资本有利于提高直接融资占比，是优化社会融资结构的重要动力。耐心资本倾向于直接投资于企业股权或长期债权，直接满足企业的融资需求，降低了企业对短期债务的依赖，有利于增加直接融资占比，能够成为优化直接和间接融资、股权和债权融资比例关系的重要动力，持续疏通长期资金进入实体经济。耐心资本推广稳健审慎的投资经营策略，是金融稳定的重要"压舱石"。耐心资本具有较强的抗风险能力和安全性，有助于减少市场的短期波动和投机行为，维护金融市场的稳定健康发展。

二、近年来我国耐心资本呈现快速发展态势

近年来以股权投资为主的耐心资本发展环境发生了较大变化，行业也快速发展。2021 年以来股权投资行业快速发展，根据执中数据，2024 年全国机构 LP 共出资 6863 笔，共认缴出资金额 1.27 万亿元。**在募资端，LP 市场结构发生了一定程度的内生性变化，金融机构、社保基金等 LP 出资占比逐步提升。**政府资金 LP 持续发挥重要的资金支持作用，出资金额显著领先，2024 年政府资金披露出资金额 6692 亿元人民币。产业资本活跃参与股权投资，2024 年产业出资方披露出资金额 1998 亿元人民币，占比较 2023 年下滑了 0.4 个百分点。通过出资与其主业相关的产业基金，在服务主业发展的同时实现前瞻布局。在国家政策引导和 LP 自身业务发展需求的共同作用下，金融机构和社保基金 LP 等长期资金的出资逐渐恢复稳定，2024 年金融机构和社保基金 LP 合计披露出资 2245 亿元人民币，占比相较 2023 年增长了 0.9 个百分点，其中银行业机构出资增长了近一倍。

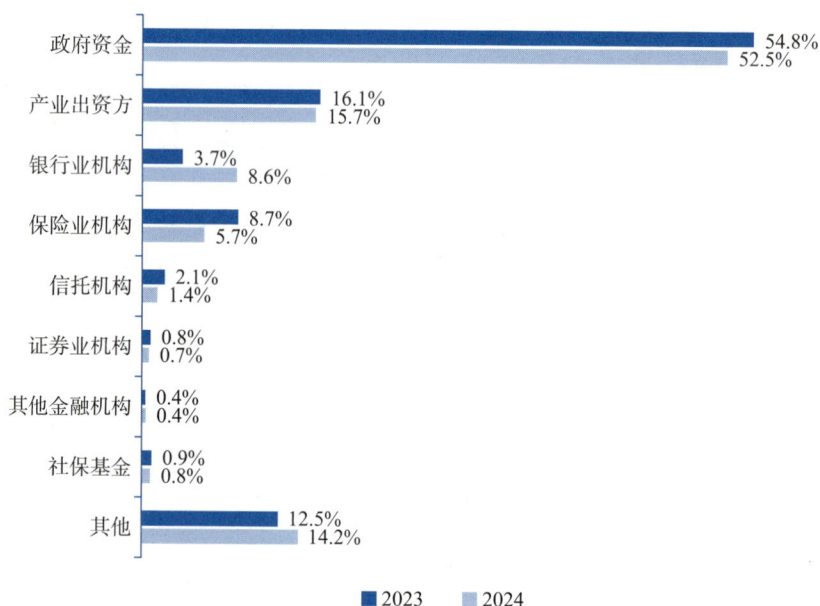

图4-1：政府资金发挥重要出资作用

资料来源：执中数据，申万宏源研究

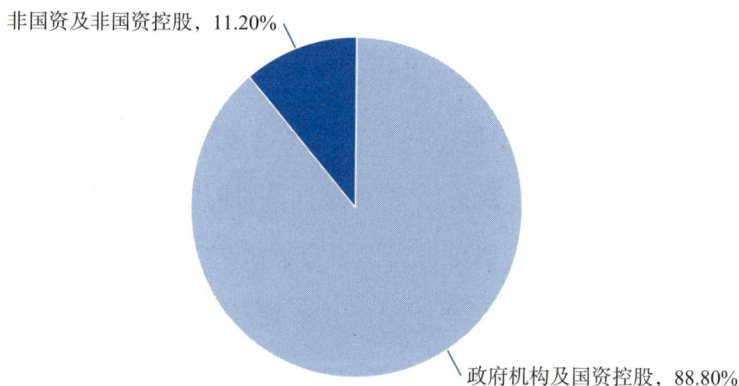

图4-2：政府机构及国资出资规模占比超过80%

资料来源：执中数据，申万宏源研究

从募集基金的种类来看，近年来创投基金和成长基金募资较为活跃，大多数机构选择募集标的明确、出资灵活的小型产业基金和项目基金，小规模基金的数量占比持续上升。根据清科研究，2024年共2511只、1179只创业投资基金和成长基金完成新一轮募集，数量占比达到63%和30%；募资金额分别达到4498亿元、6431亿元，占比分别为31%和45%。另外，基础设施投资基金规模达到1499亿元，占比也达到10%。由于募资成本提升、行业竞争激烈，大多数机构选择募集标的明确、出资灵活的小型产业基金和项目基金，因而小规模基金的数量占比增长明显。募资规模不足1亿元人民币的小规模基金数量占比自2018年起稳定提升，已由市场整体的44.9%增长至2023年的超六成。

在投资端，股权投资有前移趋势，对硬科技的投资也已成为市场主旋律，行业整体呈现投早、投小、投新的积极变化。"投早"方面，股权投资前移趋势明显，2024年种子期、初创期项目投资案例数占比达到41%，较2021年提升了4个百分点，天使轮、Pre-A、A轮投资受到投资机构的青睐，合计投资案例占比达到66%。"投小"方面，小规模基金的数量占比持续上升，募资规模不足1亿元人民币的小规模基金数量占比自2018年起稳定提升，2023年已超过总体募资基金数量的六成。"投新"方面，近年来股权投资市场热点

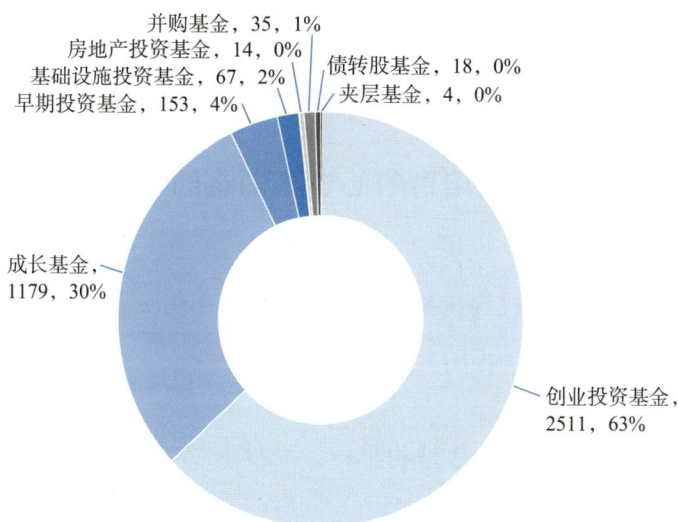

图4-3：2024年创投基金、成长基金募资数量占比达到63%、30%（单位：只）

资料来源：清科研究，申万宏源研究

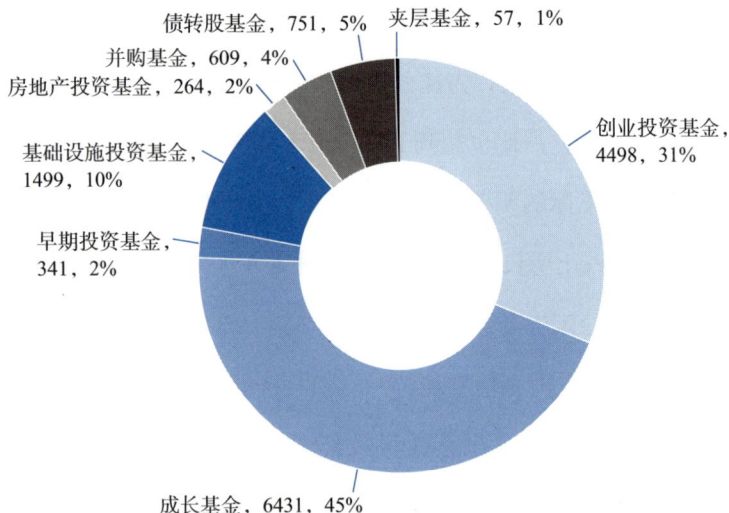

债转股基金，751，5%　夹层基金，57，1%
并购基金，609，4%
房地产投资基金，264，2%
基础设施投资基金，1499，10%
早期投资基金，341，2%
创业投资基金，4498，31%
成长基金，6431，45%

图4-4：2024年创投基金、成长基金募资金额占比达到31%、45%（单位：亿元）

资料来源：清科研究，申万宏源研究

持续聚焦在科创领域，IT、半导体及电子设备、生物技术/医疗健康和机械制造四大产业的投资案例数和投资金额处于领先，2024年占比分别达到74%和63%。另外，不少股权投资机构逐渐开始尝试发起设立项目和参与S交易获取项目份额等交易方式，机构多元化投资和资本运作能力整体有所提升。

三、当前资本市场培育耐心资本面临四大挑战

当前我国私募股权机构在募投管退各环节均存在一定堵点，影响了耐心资本的产生、壮大、发挥作用。

（一）募：耐心资本来源结构单一，规模不足

我国创投行业发展初期受境外创投机构影响较大，创投生态由外资机构带动。近年来美元基金大幅退出，私募股权行业资金募集中人民币基金已占

绝对主导，根据清科研究统计，2024年我国股权投资市场募资规模达到1.44万亿元，其中人民币基金的募资规模达1.39万亿元。我国股权投资行业呈现出由外资基金主导向境内外资金协同发展的转变，在当前环境下，股权投资基金不能依赖美元基金回流，耐心资本更多要在境内挖掘。

当前境内耐心资本的来源受限，结构失衡。一方面，银行、保险等资金进入股权投资过少。我国股权投资基金募集过程中金融机构出资占比仅5%左右，而美国风投资金来源中，银行、保险等长期资金占比约20%，养老金占比达到40%。我国保险资金进入股权投资市场受到一定限制，股权资产的价格波动性大，与保险资金负债端不匹配。保险资金来源于长期、稳定的负债，因此保险投资必须满足期限匹配、收益覆盖、稳健安全三大原则。我国股权投资风险较高，非上市股权的收益率有较高的不确定性，不是保险资金天然适合的资产端配置对象。现行激励机制和考核制度也不利于保险资金长期投资，2021年，我国全部保险公司实行新会计准则IFRS9，更多的资产被分类到以公允价值计量，且其变动计入损益资产，因此资产的公允价值波动性增加，一定程度上增加利润表的波动性。这对保险公司提升资产端风险偏好、投资更多股权形成进一步的约束。当前保险公司的考核机制侧重短期收益，资本市场波动直接影响保险公司的当期利润，进而影响绩效考核。

另一方面，股权投资对地方产业资金依赖度较大。从股权投资基金的出资属性来看，2024年国有参控股LP出资规模占比超过八成，从LP机构类型来看，政府机构及投资平台、政府引导基金、母基金出资占比超过50%。国有资金风险偏好较低，为了保障国有资产不流失，股权投资基金往往会要求创业公司的创始人提供个人无限连带的责任，把企业的有限责任转化为对个人的无限责任，偏离了风险投资的本质。目前部分国资主导基金收益率预期还停留在原有的8%~10%的水平，且考核周期与项目投资周期不完全匹配，明显影响基金的投资行为。此外，地方政府作为出资方，其核心诉求是发展地方经济，所以往往要求创投基金把钱投回到当地，也就是"返投"，这导致许多创投基金的主业偏离了风险投资，进一步加剧了"基金招商"的内卷。

（二）投：实体与金融投资逻辑存在分歧，导致可投项目少、能投项目贵

近年来股权投资行业呈现募资容易、投资难的态势。从清科研究发布的数据来看，2021—2023年连续三年股权投资行业新募集基金数量达到7000只左右，每年股权投资基金募集资金达到约2万亿元，2024年募集基金规模有所下降，但仍接近1.5万亿元。大额政策性基金、基建类基金维持较快的设立和募集速度，随着"拨改投""债转股"模式愈发普及，国有资本持续设立大额政策性基金投向指定领域，以实现特定的政策目标。而基础设施作为推动国民经济高质量发展的重要保障，也成为市场资金的重要流向。近年来基建基金数量进一步上涨，其中不仅包括推动区域一体化发展、城市更新、保障性住房建设等传统基础设施建设的大型基金，还包括多只聚焦新能源、新技术、物流仓储等领域的新型基础设施建设基金。但行业投资金额波动较大，2022—2024年连续三年投资金额不足1万亿元，早期投资、VC、PE的市场活跃度呈现不同程度的缩减，2024年早期投资、VC、PE募资金额分别下降13.0%、18.2%和7.3%。

投资难主要源于可投项目少、能投项目贵，根源在于我国金融投资与实体投资逻辑出现了分歧。当前我国金融家与企业家对产业链发展和科学技术迭代路径的认知不一致，导致股权投资逻辑与实体投资认知长期存在较大的分歧，两者间投资收益率差异较大，而且存在股权投资热点与实体经济转型发展之间、股权投资估值方法与实体经济创新需求之间很大程度的不匹配。

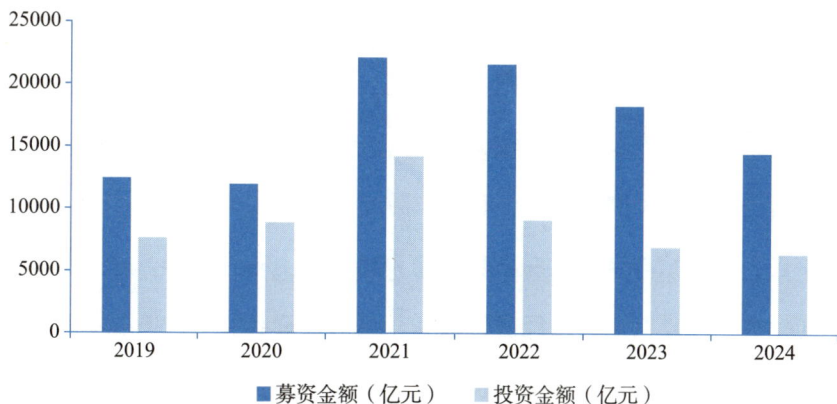

图4-5：股权投资行业募资金额始终超过投资金额

资料来源：清科研究，申万宏源研究

第一，企业家与金融家对产业链的认知存在差异。近年来，新兴产业技术迭代加快，消费偏好多样化，产业稳定性、可预期性下降，导致金融投资人很难对产业链的发展趋势做出明确的判断。如汽车零部件曾被认为是较好的投资方向，私募基金加大对汽车零部件投资。但随着新能源快速发展，新能源汽车正逐步取代燃油车，2024年新能源汽车销量达到1286.6万辆，约占我国汽车销量的40%。由于新能源汽车与燃油车的产业链条完全不同，电动车的零部件需求仅为燃油车的1/3，三年前热门的燃油车零部件产业面临巨大挑战，前期投资汽车零部件产业的大量基金出现亏损。企业家通常以长期思维观察产业链的发展，而金融家更多从中短期出发，导致金融家投资的领域方向与实体产业变革的方向可能出现背离。

第二，企业家与金融家对企业商业模式价值的判断存在分歧。企业家更关注企业经营发展中传统的生产规范性和运营效率。以美国为例，世界500强企业中美国制造业的股东权益回报率（ROE）和投资回报率（ROI）始终排在领先位置，主要在于其只专注于自身的核心制造环节，而与制造业无关的业务则进行外包。而金融家更注重企业模式的创新，当前部分生产线、产品质量、组织管理和内部规范优质的企业估值并不理想，而拥有概念、流量、平台、枢纽性的企业估值则相对较高。当前阶段私募产业基金投资项目的标准与企业的生产逻辑存在较大差异，金融机构投资更多关注企业模式概念的创新，而企业家则更关注企业的稳健经营。

第三，企业家与金融家在项目价值评估理念上存在差异。过去衡量企业质量的标准主要是其创造的经济价值和较高的投资收益率，但近年来随着社会多元发展，企业的价值评估也引入了更多元理念，除了经济价值外，社会价值、生态价值、共享价值、道德价值也成为衡量企业质量的重要维度。以医美为例，通过医学手段进行美容使得人们变美的同时也产生了过度整形对生命健康漠视等价值观上的分歧。在多元价值导向下，金融家和企业家对不同维度价值的判断及赋予权重的重要程度存在明显差异，这使得对于同一类资产如何更合理地评估其价值面临更大的挑战。推动金融家投资理念与企业家的价值理念实现融合是当前亟须解决的问题。

（三）管：股权投资机构投后管理能力参差不齐，影响耐心资本的形成

一方面，股权投资机构尚未建立起完善的投后管理体系，对被投企业的赋能相对不足。第一，未构建完备的投后管理工作方案。股权投资机构未建立起专门的部门沟通关于投后管理的事项，未对日常对接的人员和具体事项进行安排。日常管理跟踪不到位，往往是出了问题才和项目方沟通。第二，投后管理权责不清晰。部分投资机构虽然设置了专门的投后岗位，但是投后部门与投资部门、风控部门、合规部门之间的权责没有划分清晰，也没有建立沟通联动机制，发生风险时，往往不能快速做出反应，采取有效措施。第三，投后管理人员素质有待进一步提升。投后管理往往需要投后管理人员具备过硬的专业知识，除了具备投资和金融方面的基础，还需要有企业管理知

识、法律知识、财务知识、市场营销、资本市场等综合能力。第四，股权投资机构管理方式未充分与科技创新的需求相匹配。我国私募股权投资基金的存续期一般为5~8年，其中包括3~5年投资期和2~3年退出期，与较成熟市场很多基金10年以上的周期存在一定差距。行业更好服务科技创新的角色要求其拉长存续期限，但这样面临年化内部收益率IRR下降的风险。此外，近年来政府主导型产业投资基金高速发展，成为股权投资支持科技创新的重要力量，但地方政府产业基金面临组织形式不明确、缺乏优秀基金管理人等痛点。

另一方面，部分股权投资机构过度介入被投企业，对企业经营管理造成干扰。第一，初创企业创始人控制权旁落对企业经营管理造成不利影响。如雷士照明和俏江南，创始人股权在多轮融资中不断被稀释，对企业的话语权不断下降。创始人控制权旁落容易导致初创企业的发展方向偏离创始人初心，同时也不利于营造良好的创业氛围。第二，控制权的争夺常带来不可忽视的内耗，最终影响企业绩效。已有基于上市公司的研究表明，在大股东控制权争夺期间，公司经营处于不稳定的情形下，公司经营绩效会受到一定程度的影响。第三，股权投资常有的对赌协议也经常使公司过于关注短期财务表现，不利于公司的长期治理。一级市场投资者对初创企业的介入还体现在对赌协议方面，其在很大程度上干扰了企业长期战略的落实，容易使初创团队过于关注短期财务表现。第四，对被投企业管理的过多干涉对企业经营造成一定影响。过往美元基金等管理经验相对更丰富，为被投企业输出了更多及时有效的管理服务。而当前我国投资机构发展参差不齐，部分机构出于对LP负责的态度，干涉企业日常经营，经常以"合规要求""投后管理要求""日常跟踪要求"等名目要求企业提供材料、填表，或是向LP解释企业经营中的问题，导致占用被投企业过多精力，影响自身业务发展。

（四）退：耐心资本退出渠道单一且不稳定

耐心资本过于依赖IPO退出，二级市场发展环境对一级市场股权投资的影响较大。 由于并购市场和场外市场不发达，我国私募股权投资过于依赖IPO退出，通过并购、股权转让等方式退出始终没有成为主流。2020—2022年股权投资项目通过IPO实现退出的案例占比达到63%，远高于发达市场，2023年以来IPO放缓，通过该方式退出的占比持续下降，2024年该比例降至36%，但仍是私募股权投资退出最主要的方式。相比之下，在英国股权转让是最通行的退出方式，私募股权投资行业2022年退出股权总价值114亿英镑，有约四成采取了转让至另一家股权投资机构的退出方式，而公开发行这种方式在退出项目中的金额占比和数量占比分别只有2%和5%。我国私募股权基金过于依赖IPO导致退出受市场环境影响较大，基金由于难以退出而被迫延期的情况较多，近年来一二级市场价格倒挂进一步影响了股权投资的退出收益。

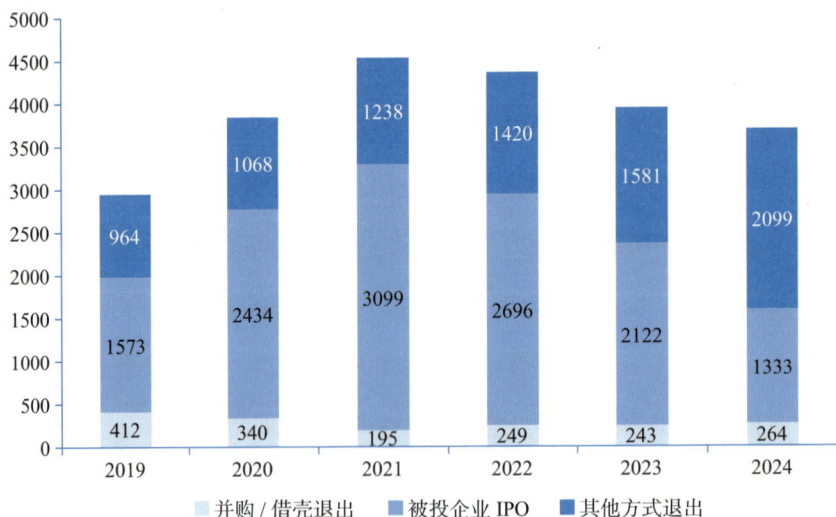

图4-6：被投企业IPO仍是股权投资的重要退出方式

资料来源：清科研究，申万宏源研究

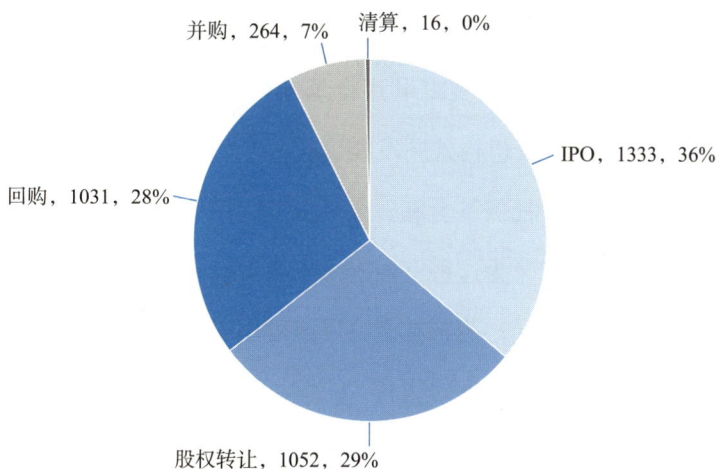

图4-7：2024年IPO退出占比降至36%

资料来源：清科研究，申万宏源研究

四、壮大耐心资本，加大资本市场长期资金供给的举措

（一）丰富耐心资本供给

推进国有资本加大股权投资力度。发挥政府主导型产业投资基金的市场引领作用，推进地方政府产业基金加速整合。优化政府产业投资基金治理方式，引入更多专业机构对政府产业基金进行管理，坚持产业基金的市场化运营原则，注重要素融合和产业集聚，解决其面临的组织形式不明确、缺乏优秀基金管理人等痛点，提升地方政府产业基金的管理效率。建议因地制宜构建绩效评价机制，汇聚各地资源，提升其对社会各类资金的撬动作用。

推进外资股权投资机构布局中国市场。针对近年来加速进入中国市场的外资股权投资机构，建议推动QFLP试点扩容，进一步优化QFLP政策，针对外资的进入流程、可投范围、投后管理、分红等环节，特别是在退出和税收环节制定标准化、透明化的规则，确保资金在合法合规的前提下实现跨境自由流通。进一步统一外资和本土股权投资机构的准入标准和监管方式，加速完善外资投资负面清单，更好利用全球知名龙头私募股权机构的投资经验，促进境内外股权投资机构共同发展。

鼓励银行、保险、社保基金等资金进入股权投资市场。明确这三类资金的使用范围和使用方式，为这些资金进入创投市场提供依据。建议有关部门对三类资金进行全面统计，明确有多少资金可用于创投市场，为市场参与者提供清晰的预期。进一步放宽对银行AIC股权投资范围的限制，推进银行建立与股权投资相适应的激励机制和容错机制，健全适合股权投资特点的风控管理体系。根据股权投资业务特点简化投资决策流程，培养或引进股权投资所需的专业人才。鼓励保险公司针对不敢投、不会投的情况明确优化路径，包括强化行业研究能力，优化内部机制提升投资效率等。

（二）优化对耐心资本的考核机制

完善政府主导型产业投资基金的绩效评价机制。适时调整考核指标和收益预期，新增"投早、小、长、硬科技"相关考核指标，淡化单个项目收益的考核要求，在导向上明确反对"唯收益率论"。完善政府主导型产业投资基金的容错机制，尤其是对支持硬科技发展的产业基金适当放开考核标准，不再强制以国有资本保值增值作为主要考核指标。适当拉长考核周期，推进考核周期更符合长期性、引导性的政府基金运作规律。推进政府引导基金监管有效衔接、及时落地，在做好严格财务审核管理防范风险的同时，提高监管灵活性，提升基金运营效能。

延长保险资金考核周期，并建立容错机制。中国保险业资产管理协会公布的《中国保险资产管理业发展报告2023》显示，2022年全行业按年考核机构占比为66%，较上年同期增长0.5个百分点，50%以上保险集团、80%以上超大型保险机构以中长期考核为主。2020—2022年，超大型、大型保险机构和中小型保险考核周期呈现分化态势，超大型机构按中期以上考核机构占比有所增加，大、中、小型机构考核周期有所缩短。保险资金尤其是寿险资金作为长期资金，相比于短期资金有较高的风险成本并承受相对较低的流动性要求，但保险资金要真正发挥长期资金优势，需要与保险投资部门的长期考核机制相配合，逐步建立与保险较长负债久期特征相匹配的考核机制，否则久期较长、稳定性较高的保险资金难以进一步坚持长期投资、价值投资和稳健投资。另外，在程序合规、没有私利的前提下，要对保险机构的投资决策给予一定的宽容度，鼓励其大胆创新。

（三）推进实体投资、产业投资与证券投资一体化发展

搭建多元对接平台，推动实体投资、产业投资与证券投资逻辑一致化。搭建项目投融资对接平台，针对企业在核心技术方面已投入大量成本，但核心技术在金融领域的应用渠道难以打开的痛点，打造面向企业与投资机构的项目对接平台，增强技术与场景的连接度、融合度。搭建科研院所和企业之间的产学研合作平台，企业在平台提出技术需求，高校科研工作者提供智慧解决方案，共同形成可以落地实施的成果。搭建实业家、技术专家、金融家联合创新平台，推动实业家、技术专家、金融家群体间加强沟通交流，技术专家论证好技术路径，企业家做好投资收益风险评估，减少金融家投资的障碍。

完善金融市场估值方法，推动三类投资定价逻辑一致化。组织产业专家和投资机构一起，建立热点领域的估值准则与执业指引。引导科创企业提升信息披露质量，加快推动数据、技术等创新要素入表，推动现代要素财务化、资本化、货币化。要不断完善动产要素的财务价值统计方法，体现新要素财务价值，要加快探索动产抵押评估，制定评估标准，完善金融基础设施

建设，要持续加强资本市场对数字企业、科技企业估值方法的创新，推动数字企业、科技企业价值实现。推动股权投资机构加快补齐产业发展、技术变革、数字化投资三大领域的研究短板。股权投资机构要更多与大型龙头企业合作，更加精准识别核心技术企业，为产业链上下游企业提供一揽子综合金融服务方案。

促进传统和新兴产业融合发展，避免金融投资异化。以新质生产力赋能传统产业转型升级，引导和支持传统产业加大技术改造和设备更新，促进产业高端化、智能化、绿色化发展。抓住我国新型数字基础设施加速建设的机遇，以"人工智能+"行动为抓手带动生产力深层次变革。避免投研机构"贴标签"式的投资理念，从技术创新角度挖掘产业发展新动力。不仅要聚焦于高技术和战略性新兴产业领域，更要加强对传统产业新要素、新技术的投资布局，要努力加强投研机构的培训体系建设，健全培训需求对接机制，拓宽新要素、新技术、新估值的学习路径和学习方式。

（四）发挥专业投资机构的作用，做好耐心资本的募投管理

完善股权投资机构相关政策环境，培育大型本土股权投资机构。明晰股权投资行业的税收政策体系，在征税种类、征税主体、征税税率等方面进行系统性制度设计，解决当前股权投资机构面临的"就高标准"征税以及在盈利项目面临较高税赋而亏损项目无法进行相应税前抵扣的难题，引导股权投资机构"投早投新投小"。按照市场化原则，逐步建立基金份额转让的后轮定价体系。支持股权投资机构发债，支持银行投贷联动，支持保险机构投保联动。

推进专业投资机构强化对被投企业全周期市场化管理。投资机构要了解企业发展的愿景与现阶段的差距，更新企业经营现状，促进被投企业上下游

互通合作，拓展政商资源。对行业及企业在未来一段时间的走向进行洞察，从整体发展角度对被投企业做出评估，为被投企业战略组织文化、建立人事激励制度等提供咨询。对企业现金流为核心的会计信息全面掌握，把握企业经济状况。全面了解对被投企业的后轮融资和上市退出情况，利用成熟经验解决企业后轮融资难题，协助并购和重组上市。及时掌握安全生产、灾害等非常规困难情况，并在被投企业发生非常规突发事件中协助进行危机应对。

（五）丰富耐心资本的退出渠道，给予更多流动性安排

建议完善并购重组制度，提升并购重组活力，使得并购成为私募股权投资重要的退出渠道。建议优化准入条件，在并购重组门槛设计中淡化净利润指标，推动耐心资本加大对亏损科创企业的配置。建议推动定价市场化，鼓励估值方法多元化，突破以资产基础法和收益现值法为主的估值，综合采用改良 DCF 估值、rNPV-BS 估值、EV/EBITDA 等方式进行估值，通过估值方法多元化更合理地对新质生产力发展所依赖的要素进行估值。建议推动并购支付方式多元化发展，特别是加大对并购重组中定向可转债的支持力度，拓宽定向可转债的适用范围和运用场景，将定向可转债的应用从并购重组中的支付工具延伸至融资工具，增强定向可转债的流动性，完善以定向可转债方式完成并购重组交易过程中的多方保护机制，提升并购交易的可撮合性。加大并购重组风险防范力度，构建以信息披露为核心的并购重组监管体系，从严打击并购重组相关的证券违法犯罪，推进并购重组成为安全高效的私募股权投资退出渠道。

建议发挥区域股权市场在推进私募股权二级市场交易上的重要作用。基于北京、上海的经验，推动股权份额转让在更多区域股权市场中试点，建设股权投资和创业投资份额转让平台，完善股权投资和创业投资份额的登记托

管及转让服务，建立与私募投资市场相适应的报价转让系统与机制，完善股权投资和创业投资行业"募投管退"的良性循环生态体系。推动各地政府设立更多S基金和S基金交易平台，开展S基金运作模式创新，积极试点开展股权投资基金实物分配股票，并有序扩大试点覆盖范围，提升私募投资份额的流动性。鼓励银行理财、证券、保险资管、母基金、信托公司及专业化第三方资管机构等参与设立S基金，参与受让基金份额。支持各地发起设立S基金联盟，发挥专家智库咨询作用，加强份额交易的咨询沟通、信息共享。

第5章　保险资管业发展中的耐心资本

曹德云[①]

导读：

> 　　保险资产管理业作为中国资本市场的重要参与者和服务国家战略、支持实体经济发展的重要力量，在引导保险资金发挥长钱优势，培育耐心资本，促进"资金—资本—资产"的良性循环和经济发展方面发挥着重要而独特的作用。本章在对保险资产管理业发展总体情况回顾的基础上，论述了保险资金是发展耐心资本的坚实力量，培育耐心资本既是保险资金发挥长期资金优势的体现，也是实现保险资产管理业高质量发展的内在需求。在推进经济全面高质量发展的新阶段，国家和社会各界对保险资金壮大耐心资本供给、助力新质生产力发展寄予厚望，保险资产管理业培育耐心资本也面临着新的机遇和挑战，应当在符合保险资金特征的赛道上积极发展耐心资本。

　　长期以来，保险资金作为代表性的长期资金、耐心资本，始终恪守长期投资、价值投资、稳健投资和责任投资的理念，充分发挥社会"稳定器"、经济"助推器"和高质量发展"压舱石"的角色与功能，为实体经济及科技创新领域提供大量长期资金，助力产业结构升级，促进经济模式转型优化。

---

　　① 曹德云，中国保险资产管理业协会原执行副会长兼秘书长。

2024年9月11日，国务院印发《关于加强监管防范风险推动保险业高质量发展的若干意见》提出，发挥保险资金长期投资优势，培育真正的耐心资本，推动资金、资本、资产良性循环。国家和社会各界对保险资金壮大耐心资本供给、助力新质生产力发展寄予厚望。

在推进经济全面高质量发展的新阶段，保险资产管理业作为我国金融体系的重要组成部分，全面践行金融工作的政治性和人民性，不断提升专业性，持续提高政治判断力、政治领悟力、政治执行力，认真贯彻党中央决策部署，致力于培育更多保险资金转化为耐心资本，以服务国家战略、服务实体经济和民生建设为己任，把更多资源用于促进科技创新发展等重点领域和薄弱环节，在经济结构转型升级的大背景下履行好服务实体经济职责、加快建设金融强国的理念创新和路径探索，坚定走中国特色金融发展之路。

一、保险资产管理业发展总体情况

（一）保险资产管理相关概念

1.概念的界定

保险资金是指保险集团（控股）公司、保险公司以本外币计价的资本金、公积金、未分配利润、各项准备金以及其他资金。

保险资产管理是指保险资产管理公司对保险资金进行集中化、专业化和市场化的管理，通过分散投资和专业化管理实现保险资金保值增值。保险资产管理是保险运行机制的关键环节之一，对保险公司的稳健发展至关重要。除投资管理保险资金外，保险资产管理公司还可以受托管理银行资金、各类养老金等非保险资金，为相关主体创造稳定持续的投资回报。

2. 保险资金特性与保险资产管理内在要求

保险资金具有负债属性强、可投资期限长、最低收益要求等特性。这些特性决定了保险资产管理需要满足稳健安全、期限匹配和成本覆盖要求。

负债属性强。保险资金主要来源于投保人所缴纳的保费而形成的责任准备金，承担着对被保险人的经济补偿和给付责任，是保险公司对被保险人的负债。这要求保险资产管理公司在投资管理时需要着重关注投资稳健性和安全性，以追求绝对回报为主，实现保险资金的保值增值。

可投资期限长。保险合同特别是人寿保险公司的合同缴费期限较长，大多在 5 年以上，很多甚至达到 20~30 年。负债端的稳定资金供给为资产端进行长期性的资产配置提供保障。保险公司负债资金的可投资期限较长决定了保险公司显著区别于基金、银行等其他机构，是资本市场中长期、稳定的机构投资者。可投资期限长也对保险公司资产与负债的期限匹配提出了更高的要求。在利率走低的趋势下，若资产期限显著短于负债期限，保险公司将面临较大的再投资风险；在利率过高的趋势下，若资产期限显著长于负债期限，就可能出现大量退保等不利现象，保险公司将面临较大的流动性风险。

最低收益要求。由于保险资金绝大部分来源于负债，保险公司为获得这部分资金需要向被保险人支付一定的成本。保险公司在扣除部分维护日常经营的流动性资金后，必须将绝大部分保险资金用于投资，以追求收益性。保险公司需要通过有效的资产负债管理、资产配置优化、风险管理和投资绩效考核等多种方式，确保资产的收益能够覆盖负债成本且保有盈余，以完成经济补偿和给付责任，并实现利润。

（二）保险资产管理业发展历程

我国的保险资产管理业伴随着保险业的转型发展而逐步壮大，经历了从无到有、从弱到强并稳步走向市场化的过程。自1980年我国保险业复业以来，保险资产管理业大致经过了以下四个发展阶段。

探索起步阶段（1980年至2003年）。这一阶段早期，保险资金投资缺乏专业统筹规划，出现了不良资产，保险资金运用效率低下。随着《中华人民共和国保险法》（1995）的颁布与实施，保险公司的投资活动实现了有法可依，行业得到了有效规范和整顿。保险资产管理业初具雏形，但在组织架构方面还没有专业管理机构。

专业化形成阶段（2003年至2012年）。2003年，中国第一家保险资产管理公司——中国人保资产管理股份有限公司挂牌成立，保险资金运用体制逐步走向集中化、规范化与专业化，投资渠道不断拓宽，全新的发展格局逐步形成。保险资产管理业成为中国资本市场和实体经济的重要投资生力军，为保险业的盈利提供了稳定的支持和保障，逐步形成了一个具有高度市场价值的机构投资者业态。

市场化运作阶段（2012年至2016年）。随着"新国十条"和"十三条新政"等一系列促进现代保险业发展和提升保险资金运用质效的政策出台，保险资产管理业不断走向市场化和专业化。行业管理资产规模快速增长，"行政监管＋行业自律"的监管体系逐步建立，投资渠道进一步拓宽，把更多决策权和选择权交给市场主体。同时，政府和监管部门对治理行业乱象、补齐制度短板、防控各类风险和服务实体经济的要求不断提高。

规范和改革阶段（2017年至今）。"资管新规"以及配套的三类保险资管产品实施细则正式落地，保险资产管理公司与银行理财、券商资管、信托公司、基金公司等享有同样的市场地位。保险资产管理行业抓住改革机遇，紧紧围绕服务实体经济、防控金融风险、深化金融改革三项任务推进高质量发展。2023年以来，全面贯彻落实中央金融工作会议精神，按照金融监管总局对资管机构"融合、优化、转型、安全"的总体思路，持续推动保险资管探索专业化、差异化发展，开拓了保险资产管理业发展的新格局。

（三）保险资产管理业发展现状

保险资产管理业已成为我国资产管理领域的重要主体，资金规模不断提升、资产配置不断完善、市场主体不断扩大、投资范围不断拓宽，在服务国家战略、支持实体经济和促进保险主业发展等方面发挥了重要而独特的作用，在积极融入国家发展大局之中实现了自身高质量可持续发展。

市场主体稳步扩容，经营模式差异化初现。行业已形成保险资产管理公司为主体，专业投资子公司及保险公司投资部门为辅助的多元化市场主体体系。截至2023年末，行业共设立34家保险资产管理公司，11家香港子公司，16家保险私募股权管理公司，还有200余家资产管理中心或资产管理部门，行业投资从业人员超过1.2万人。委托投资和自主投资、业内受托和业外受托、境内投资和境外投资、保险资金管理和其他资金管理相结合的资产管理业务模式基本确立。截至2023年末，保险资产管理公司管理资产规模合计30.11万亿元，同比增长22.82%，增速连续四年保持两位数水平。

业务体系日臻完善，各类资管业务持续发力。目前，行业已形成了涵盖投资管理、投行业务、金融同业、财富管理、信用评级等在内的主要业务板块。投资管理方面，保险资产管理公司的固定收益市场投资能力已获得市场充分认可，在权益市场的影响力也越来越大；投行业务方面，通过发起设立基础设施债权投资计划、不动产投资计划、股权投资计划、资产支持计划等，为企业融资提供综合解决方案；金融同业方面，随着财务顾问、资产证券化等业务的发展，或将成为保险资管行业下一轮竞争的重要战场；财富管理方面，保险资产管理公司依托专项或定制化产品的设计和开发，市场发展前景广阔；信用评级方面，保险资产管理公司建立先进模型和优质团队，形成了债权投资市场上内部信用评级的专业优势，有效防范和管理信用风险。

业务创新提质增速，产品驱动量质齐升。保险资产管理公司在有效防范风险的前提下，积极推动业务创新、产品创新和组织创新，不断丰富保险资管产品的层次和内涵，持续创新债权类、股权类、组合类、资产证券化类和基金类的系列保险资产管理产品体系，对满足保险负债端收益、安全、匹配、流动性等多元需求，解决资产负债匹配、资产配置、风险管理等问题，发挥的支撑作用显著增强。重点涵盖基础设施、新型城镇化建设、能源环保、医疗健康等重大工程，并逐渐向智能制造、新能源、生物制造、绿色低碳等领域延伸。截至2023年末，保险资产管理产品存续规模8.67万亿元，同比增长率为32.31%，在服务保险主业、稳定和提升保险资金运用收益的同时，更为金融机构投资者提供了大类资产配置中的优质工具，在服务实体经济发展中也发挥了重要作用。

坚持赋能实体经济，经济发展聚能添力。当前，保险资金通过债券、股票、股权、保险资管产品等方式累计为实体经济提供中长期资金超过20万亿元。特别是在保险资管产品创设方面，截至2023年末，债权投资计划、股权投资计划和保险私募基金累计登记规模7.19万亿，主要投向战略性新兴产业发展、重点基础设施、区域发展、民生建设等，有效服务实体经济和经济社会高质量发展。

二、保险资金是发展耐心资本的坚实力量

（一）保险资金是耐心资本的重要来源

从全球实践看，保险资金与政府投资基金、养老基金等都是耐心资本的

主要来源。

我国保险资金规模大、期限长，运作特征和价值目标与耐心资本高度一致，具有转化为耐心资本的天然条件。资金规模方面，近10年（2014年至2023年），我国保险资金运用余额从9.33万亿元增加至27.7万亿元，年化增长率约为14%，已成为资本市场中耐心资本稳定的资金来源。投资期限方面，以寿险公司为例，平均负债久期超过12年，大型、头部寿险公司负债久期可达20年以上。理念文化方面，保险资金坚持长期投资、价值投资，追求长期资产获取和持续稳健回报，而不是短期的投机收益，具有可靠的稳定性基础。

（二）保险资金具备壮大耐心资本的巨大潜能

投资周期长，可跨越经济周期。 根据保险资金稳定配置需求，保险资产管理公司发行的保险资产管理产品期限可设置1~20年及永续结构不等，投资"耐心"周期长，能够通过穿越宏观经济周期的战略资产配置，获取可预期的稳定投资收益。

投资领域广，可满足多元化配置需求。 保险资产管理机构投资范围谱系宽泛，涵盖传统投资和另类投资、固定收益类和权益类资产、境内市场和境外市场等多资产类别。能够通过公开市场股债基和债权、股权、私募基金等传统投资方式或者股债结合、夹层投资、资产证券化、母基金等创新投资将耐心资本配置到不同实体领域，满足实体企业的多元化资金需求。

投资方式多，可实现差异化投资目标。 保险资产管理机构可以通过设立专户、股权投资、发行产品等多种方式将保险资金投入基础设施、新型城镇化建设、能源环保、医疗健康等重大工程，也可投入智能制造、新能源、生物制造、绿色低碳等领域。根据需要选择资本性投资、战略投资或财务投资，为新兴产业和科创企业有效补充资本金，补充融资主体的营运资金，提升实体经济和产业质效。

投资机构专，可锚定布局核心资产。保险资产管理公司作为受托人和保险资金的核心管理人，在长期管理保险资金的过程中，逐步形成了擅于管理长期资金、精于大类资产配置、专于贡献绝对收益的特色优势，风险管理能力成熟，能够准确识别并有效布局符合经济社会长期发展方向的核心资产，能够在确保耐心资本安全的前提下进行专业化运作。

（三）培育耐心资本是实现保险资产管理业高质量发展的内在要求

培育耐心资本既是保险资金发挥长期资金优势的体现，也是实现保险资产管理业高质量发展的内在需求，有利于实现"资金—资本—资产"的良性循环。

匹配长期负债特性，增强资金稳定性。耐心资本能够很好地匹配保险资金的负债特性，减少因资金错配带来的流动性风险，从而增强保险资管机构的资金稳定性。这种稳定性有助于保险资管机构在面对市场波动时保持定力，坚持长期投资策略，避免因短期市场波动而做出不利于长期发展的投资决策。

支持国家战略与实体经济，拓宽投资领域。耐心资本能够助力保险资产管理机构积极参与国家重大战略项目、基础设施建设以及实体经济中的优质企业，为金融"五篇大文章"协同发展提供实践路径。通过参与这些项目，保险资管机构不仅能够获得稳定的投资回报，还能够促进国家经济发展和产业升级，实现社会效益和经济效益的双赢。

促进科技创新与产业升级，提升投资质量。耐心资本是支持新兴产业创新和科技发展的核心保障，更是促进经济结构优化升级、稳定金融市场和提升资本市场效率的重要支柱。保险资管机构通过股权投资、债权投资等方式布局科技创新，在促进科技创新与产业升级的同时，能够提升自身投资管理能力和投资质量，从而获取稳健的投资收益，形成在科创领域投资独特的优势。

优化投资组合，降低投资风险。通过耐心资本的投资策略，保险资管机构可以构建更加多元化的投资组合。这有助于降低单一资产或行业的风险敞口，提高整体投资组合的稳定性和抗风险能力。同时，长期投资也有助于平滑市场波动对投资组合的影响，减少因市场短期波动带来的投资损失。此外，保险资管机构还可以通过优化投资组合管理，提升对单个项目投资失败风险的容忍度，避免因过度关注单个项目投资风险而错失其他优质投资机会。

提升行业竞争力，促进可持续发展。耐心资本的运用有助于提升保险资管机构的行业竞争力。通过积极参与国家重大战略项目、科技创新和产业升级等领域，保险资管机构可以积累丰富的投资经验和专业知识，提升自身的投资能力和风险管理水平。此外，也将有助于保险资产管理行业积极履行社会责任，发挥在绿色金融、养老金融、科创金融等方面的投资优势，在激烈的市场竞争中脱颖而出，促进保险资管机构和行业的可持续发展。

（四）保险资金作为耐心资本的投资实践

1.保险资金获得国家政策的支持和各方的期许认同

发挥保险资金作为长期资金、耐心资本的核心价值，从国家顶层设计、金融改革、行业需求等都被寄予深切厚望。**从国家顶层设计看，**政府和监管部门高度重视保险资金作为耐心资本在资本市场和科技创新的长期投资作用，已出台多项决策部署和政策文件，引导保险资金坚守长期投资、价值投资和稳健投资理念，为科技创新、创业投资、乡村振兴、绿色低碳产业发展提供耐心资本，为保险资产管理业培育耐心资本奠定制度基础；**从金融改革看，**发挥保险资金长期资金优势不仅是优化融资结构、金融供给侧改革的客观要求，更是促进经济结构优化升级、稳定金融市场和实现资本市场高质量发展的必然担当与使命，在丰富保险资金参与资本市场投资渠道的同时，也为"五篇大文章"协同发展提供实践路径；**从行业需求看，**长期以来保险资金投资主要以固收类资产为主，在低利率长期持续的背景下，债权性资产收益率持续下滑，迫切需要在有效把控风险的前提下，寻求匹配保险资金大体量、长久期及风险收益水平的产业标的，而科创产业的资金需求与保险资金高度适配。保险资金以股权投资形式参与科创产业投资，在增加股权投资的配置比重、优化资金的多元配置、降低投资组合的风险波动、实现与公开市场权益投资的一二级联动，为企业成长的整个发展周期提供更多稳健持续的耐心资本，既能保障收益水平，又能带动保险资金"一体化"的投资能力。

2.保险资金是服务国家战略、实体经济的重要力量

保险资金发挥长期投资优势，积极顺应大资管市场不断融合创新的发展趋势，积极培育新的业务增长点，10年来累计通过债券、股票、股权、保险资管产品等方式为实体经济提供中长期资金支持超过24万亿元，多渠道参与国家战略和实体经济发展。支持南水北调350亿元，西气东输360亿元，京沪高铁311亿元，大数据中心240亿元，特高压250亿元以及商用大飞机150亿元；参与养老社区项目超过60个，计划投资规模超过1500亿元。2023年，保险业为乡村振兴战略、区域协调发展战略投资超8.9万亿元，为"一带一路"相关项目提供风险保障金额超过1万亿美元，为战略性新兴产业投资8110亿元，保险资金投资支持科技自立自强的存量规模9355亿元。

3.保险资金支持多层次资本市场构建成效显著

保险资金运用与多层次资本市场建设同起步共发展，坚持长期投资、价

值投资、稳健投资和责任投资理念，在推进保险业持续稳健发展的同时，也有力支持金融市场改革、维护资本市场平稳健康发展，已成为发展资本市场和服务实体经济的重要力量。截至2023年末，人身险公司和财产险公司债券投资余额合计12.3万亿元，股票和长期股权投资余额合计4.4万亿元。保险资金已成为国内长期债券市场和基金市场第一大机构投资者、股票市场第二大机构投资者、债券市场第三大机构投资者，同时也是科创板、REITs等资本市场创新改革的重要参与者和推动者，更是资本市场长期资金的重要来源，充分发挥了金融市场"稳定器"和"压舱石"作用。

4.保险资金为新质生产力发展提供长期资金

新质生产力的发展方向紧密围绕新型工业化和加快建设制造强国、质量强国、网络强国、数字中国和农业强国，保险资金通过保险资产管理产品或股权投资为新质生产力发展提供长期资金。在直接股权投资方面，截至2023年末，保险资金直接股权账面余额超过1.2万亿元，其中超过一成资金投向战略性新兴产业。保险资金积极投资科技前沿、数字经济以及数字化应用等领域，助推科技产业转型升级。在间接股权投资方面，保险资金通过间接投资私募股权基金支持科技金融。截至2023年末，保险公司投资私募股权基金投资余额超过8000亿元，规模同比增长超过10%。其中不乏一些有口皆碑的明星工程。例如"长江存储债权投资计划"投向一条12英寸NAND Flash存储器生产线；"沪发1号股权投资计划"以投资S份额的方式投向上海市集成电路企业和项目等。

三、保险资产管理业培育耐心资本的机遇和挑战

中国式现代化发展为资本市场和资管市场发展赋予新的内涵，在对保险

资产管理业的高质量发展提出新要求的同时，保险资产管理业培育耐心资本也面临着诸多的机遇和挑战。

（一）保险资产管理业培育耐心资本的机遇

1.经济转型高质量发展创造新的投资机会

我国经济正处于转型升级阶段，需要大量资金支持新兴产业的发展和新质生产力的培育创新。壮大耐心资本可以提供长期稳定的资金支持，鼓励企业在科技创新、绿色能源、高端制造等领域进行长期投资，推动经济结构向高质量发展。中国也需要通过壮大耐心资本来稳定金融市场和投资环境，降低市场短期波动和投机行为带来的不稳定性，提高投资环境的可预见性，吸引更多长期投资者进入市场，促进资本市场改革和健康发展，这都将为保险资金创造更多的投资机会。

2.资本市场高质量发展需要保险资金培育耐心资本

资本市场高质量发展主要体现在市场结构优化、配置效率提升、稳定性强和服务实体经济等方面。2024年4月，国务院发布的《关于加强监管防范风险推动资本市场高质量发展的若干意见》，规划了21世纪中叶"建成与金融强国相匹配的高质量资本市场"的发展蓝图。保险资金作为我国资本市场重要的参与者，通过培育耐心资本，为资本市场提供稳定的资金支持和可持续的发展动力，有助于优化资本市场结构，提升资本市场稳定性和配置效率，助力资本市场服务实体经济，是资本市场高质量发展不可或缺的重要力量。

3.监管改革为保险资金发展耐心资本带来新的政策支持

近年来，监管改革支持保险资金发挥长期优势的政策空间持续释放。金融监管总局陆续印发《银行业保险业绿色金融指引》《关于推动银行业和保险业高质量发展的指导意见》《关于银行业保险业支持高水平科技自立自强的指导意见》等多项政策文件，多次要求发挥保险资金优势，加大对国家战略和实体企业的长期融资支持力度，加大对科技创新产业的金融资源供给。建立健全保险资金长周期考核机制，丰富保险资金参与资本市场投资的渠道，引导保险机构将更多资金配置于权益类资产。此外，证监会在《关于优化营商环境，加快培育基金类主体资本市场的建议》《关于加快推进公募基金行业高质量发展的意见》等多次提出提高中长期资金占比，进一步优化融资结构，推动保险资金等积极投资资本市场。近日，国务院《关于加强监管防范风险推动保险业高质量发展的若干意见》的发布，为推动保险行业高质量发展、培育真正的耐心资本，推动资金、资本、资产良性循环提供了顶层设计。

4.行业进入高质量发展阶段为培育耐心资本创造有利时机

当前，行业正在积极探索新形势下保险资产管理发展路径。充分发挥保险资金长期资金优势，有效通过资本市场服务实体企业的融资需求，体现保险资管行业的责任担当。近年来，保险资管行业在增加产品供给、完善保障服务以及提升投资管理能力等方面积累了丰富的经验。依托保险主业产业链上的优势资源，通过不断业务创新和优化产品供给，保险资管行业能够更好地满足市场需求，提高资金运用的效率，为耐心资本的形成提供坚实保障，为推动更多保险资金转化为耐心资本创造有利时机。

（二）保险资产管理业培育耐心资本面临新挑战

培育耐心资本面临投资理念与成本压力和考核机制的不匹配。耐心资本投资初创企业、新兴产业需要较长时间才能产生效益，这与保险资金负债刚性、安全性要求较高的特性存在矛盾。近两年，保险行业利差损风险加大，保险负债端资金成本平均约4%，资产端财务收益率平均约3%。监管部门及时采取了一系列措施，引导负债端下调产品预定利率、渠道端实行"报行合一"，但成本与收益的不匹配仍然制约保险资金发挥耐心资本优势。此外，保险资产管理机构考核机制通常以当期收益为目标，容错及激励机制不足，而处于成长期的科技创新企业失败的可能性较大，短期的绩效评价与科技金融领域以长期成长性为主要价值来源的投资模式之间存在一定冲突，制约了保险资金投早、投小、投科技的配置动力。

培育耐心资本面临政策指向不一致带来的阻碍。 按照《关于优化保险公司权益类资产配置监管有关事项的通知》要求，保险公司权益类资产投资比例根据公司偿付能力充足率、资产负债管理能力及风险状况等指标，设定为10%至45%不等的八档。该政策支持偿付能力充足、财务状况良好、风险承担能力较强的保险公司适度提高权益类资产的配置比例。实际业务中，自2022年保险业偿付能力二期工程实施后，由于对资本认定趋于规范和严格，保险公司的偿付能力普遍下降，实施首年（2022年）年末保险业综合偿付能力充足率和核心偿付能力充足率较上一年分别下降36和91个百分点。行业偿付能力下降的约束在一定程度上"对冲了"权益投资政策的支持力度。此外，行业支持创业投资和实体经济等还面临退出渠道有限、容错机制不足等问题，一定程度上制约了保险公司参与意愿和程度。

培育耐心资本面临市场运行规则不适用的制约。 市场主体公平参与资本市场是活跃资本市场的基础。当前，保险资金参与资本市场面临部分监管政策欠公平的情况，相关监管部门在制定资本市场政策时，重点考虑公募基金、社保基金、企业年金等资金，未充分考虑保险资金具备更强的负债属性、社会保障属性和对资本市场的作用。例如，保险公司在持股变动信息披露、非公开发行股票认购等方面与其他资产管理机构差异对待；保险资产管理产品投资未上市企业存在三类股东限制，存在双重征税；保险资产管理公司至今仍未获得企业征信系统的查询权等。保险机构未获得与其市场贡献对等的投资地位，不利于保险资金通过长期股权投资转化耐心资本来支持实体经济发展。

培育耐心资本面临资金和产品通向实体经济渠道不足的问题。保险资管产品一直是保险资金进入实体经济的重要渠道，当前，保险资产管理产品在产品结构、功能等方面创新性不足，不能有效满足实体经济的新形势和新需求，支持实体经济发展渠道需拓宽。如现有债权产品的交易结构和基本功能，主要侧重于为传统基础设施领域的债务性项目提供资金支持。股权产品则多采用"项目式"投资方式，为科技创新企业提供更多元化、深层次的资金以支持不足。缺乏针对创投领域的专项产品，资管机构长期资金管理和长期资产创设优势未能得到充分展现和发挥。需要尽快研发复合性、灵活性的新型保险资管产品，充分发挥耐心资本优势，满足新质生产力发展的需求。

培育耐心资本面临人才匮乏和投资能力不足等困难。截至2023年末，保险资产管理业拥有投资人员1.2万人，低于公募基金从业人员的3.2万人和证券公司投资顾问的7.7万人。保险资产管理公司35家，少于公募基金公司的145家和证券公司的140家。与公募基金、券商等资管同业相比，保险资管机构在考核机制、激励机制等方面仍较为保守，在资产挖掘能力、产业分析能力、市场服务能力等方面存在一些不足。

四、保险资产管理业积极发展耐心资本的思考

壮大耐心资本，不仅是对如何规范和引导资本市场高质量发展以支持科创产业布局的重要指引，也是为推动中国经济从传统制造业向高科技、高附加值产业转型升级以及促进经济结构优化升级、加快建设金融强国的路径探

索。保险资管业作为中国资本市场的重要参与者和服务国家战略、支持实体经济发展的重要力量，应当持续引导保险资金发挥长钱优势，培育更多保险资金转化为耐心资本，促进保险资金、耐心资本与资本市场和经济发展形成良性互动。

（一）立足保险资金长期优势，壮大耐心资本供给

我国保险业市场规模不断扩大，保险资金运用余额连续创出新高，应该在符合保险资金特征的赛道上做耐心资本。**一是**加大长期投资力度。立足保险资金期限长、规模大、来源稳定的特性，突出投资领域广阔、多元，投资方式丰富、灵活，具有较强的抗周期性和资本化优势，深入挖掘其作为金融市场稀缺性长期资金的内涵价值，积极布局发展空间广阔、可拓展能力强，具有显著竞争优势的战略性新兴产业、先进制造业以及新型基础设施等领域的投资力度，持续为这些亟须耐心资本的重点领域提供稳定的资金来源。**二是**优化资产配置结构。发挥精通大类资产配置的核心专长，促进战略配置与战术配置有效协同联动，不断提升多资产多品种多策略的大类资产配置能力，推动投资组合实现安全性、流动性、收益性之间的和谐统一，在风险可控的前提下，增加股权、债权等长期投资品种的配置比例，提高资金运用效率。**三是**完善考核评估和激励机制。建立科学合理的长周期考核机制和科学合理的绩效评估体系，推动保险资金投资更加侧重长期投资业绩，提升保险资金长期投资收益水平，以避免短期波动对投资决策的影响，鼓励保险资金为符合国家政策导向、具有长期成长潜力的领域提供更多的耐心资本，推动"资金—资本—资产"循环的良性运行。在激励机制方面，要促进精神激励与物质激励并重，在荣誉评定、员工持股、人才晋升等领域加大探索创新，进一步丰富能够有效调动员工积极性、主动性和创造性的中长期激励工具。

（二）增强服务大局意识，切实践行长期价值投资文化理念

一是要提高政治站位，服务中心大局。深刻领会党中央对金融工作的新部署新要求，强化金融工作的政治性、人民性，统筹发展与安全，在总结国际经验和历史经验的同时，进一步提升对新环境、新形势和新变化的敏感性、前瞻性、适应性，用宏观视野和长远眼光谋划自身发展。**二是**要深刻领会国家的新战略、新政策、新制度，促进保险资金更好地服务国家战略、服务实体经济、服务资本市场、服务民生建设、服务保险主业，发挥好国民经济的"稳定器"和"压舱石"作用。**三是**要深刻领会机构改革优化对行业发展的深远影响。全行业要立足保险本源，以市场化、专业化、规范化、差异化、数字化和国际化为目标，在低利率环境持续、优质资产稀缺、不确定性提升等不利因素影响下，应坚持长周期的价值定力及本位理念，持续加强自身专业管理及投资能力建设、提升公司治理水平、内控体系建设，不断加强与地方各级政府、头部私募管理人、优质产业方进行合作，加大专业人才的培育与引进力度，在新质生产力等领域开展深入探索，推进金融资本、产业资本、科技资本的深度融合。**四是**践行长期价值投资文化理念，追求长期投资、价值投资与稳健投资的平衡，夯实体现保险资金投资的鲜明文化理念和特点风格，切实在资本市场中塑造出保险资金作为长资金、大资金、稳资金、耐心资金的行业合力、资金合力、价值合力和美誉合力。

（三）疏通政策堵点，健全市场规则

要培育壮大保险资金成为耐心资本，需要监管部门和行业主体共同发力。**一是**借助以国家金融监管总局成立为标志的金融监管体制改革的契机，对保险资金运用政策制度进行全面的系统的梳理，重点对与当前形势不相适

应，业务实践形成冲突，制约保险资金充分发挥长线优势的制度细则及时修订，提高适应性和适用性。**二是**优化保险资金投资外部环境，支持各类金融主体"平等使用生产要素、公平参与市场竞争、同等受到法律保护"，发挥各金融主体的资金特征和优势。对其他部门发布的周边政策中存在的制约性因素进行优化，消除税收政策、资管产品IPO股东资质，不动产抵押登记，企业征信系统查询等方面的制度性障碍，推动监管政策趋向的一致性。**三是**遵循保险资金资源禀赋特征、专业特长及业务规律，主动开展组织架构、运作模式、团队建设、能力培育等机制层面的优化改革和立新破旧，在市场化、法治化和稳健有效的前提下，只要有利于支持主业发展就可以积极地探索，并在严格长期投资和风险控制的同时考虑在偿还能力要求、风险因子确定、投资比例计算等方面给予适当的鼓励，争取保险资管产品税收优惠，保障促进其他金融主体同等的市场地位及竞争生态。促使保险资金真正践行长期主义，强化行业长期投资、耐心投资的特色风格。

（四）强化基础建设，全方位提升行业创新发展能力

一是要加强自身作为长期资金受托管理者的身份意识，通过专业化机构、专业化团队和专业化管理，不断加强投资能力建设，要改变"重投资、轻管理、弱增值"的管理模式，进一步强化保险资管机构作为受托人的主动管理责任和作为机构投资者的专业专长。**二是**要持续提升风险管理能力，坚持底线思维、极限思维、法治思维，不断完善各类风险管理体系，加强内控合规的体制机制建设，加强风险前瞻性趋势性分析研判，针对各主体、各环节、各领域、各要素的风险抓早抓小，提升风险防控的及时性、整体性和有效性，维护保险资产安全运行。**三是**要加强人才队伍建设，保险资管是人才密集型行业，人才建设在立足保险业自身特色的同时，还要借鉴其他资管行

业先进经验，立足良性竞争机制，形成自主培养与业外吸纳并重、专业提升与文化建设并重、投资业绩与个人修养并重的人才理念，为行业长期可持续发展提供坚实的人力保障。**四是**要着力提升产品创设水平，围绕做好金融"五篇大文章"，在风险可控、业务有效的前提下，支持有效的市场创新，在产品类别、期限结构、交易结构、投资范围、资金用途、投资者结构、流动性安排等方面的迭代更新，科学借鉴其他行业的经验，不断提高产品化程度，不断完善优化产品全生命周期管理，尽快研究复合性、灵活性地满足新质生产力发展需求的新型保险资管产品，提升自身在大资管市场格局下的创新意识和市场竞争力。

第6章　信托业创新与耐心资本

袁　田[①]

> **导读：**
>
> 　　信托业培育壮大耐心资本是引导社会资本秉持长期主义理念，支持实体经济发展的责任担当，也是深化信托业务转型和实现行业高质量发展的必然选择。依托信托制度本源，结合信托分类新规，信托公司通过开展科创股权、科技贷款、科创主题标品资产配置等资产管理信托，以及知识产权信托、数据资产服务信托等创新业务模式，积极广泛开展创新业务实践，不断培育壮大耐心资本的差异化优势。未来，信托公司还应在能力建设、投资者教育以及配套制度建设等方面持续完善，为壮大耐心资本贡献可持续发展的信托力量。

　　耐心资本是一种专注于长期投资的资本形式，不以追求短期收益为首要目标，而更重视长期回报的项目或投资活动，通常不受市场短期波动干扰，是对资本回报有较长期限展望且对风险有较高承受力的资本。2024年9月，国家金融监管总局在国新办新闻发布会上明确表示，将继续支持资本市场持续稳定健康发展，鼓励理财公司、信托公司加强权益投资能力建设，发行更多长期限权益产品，积极参与资本市场，多渠道培育壮大耐心资本。同月，中央金融办、中国证监会联合印发《关于推动中长期资金入市的指导意见》，

[①] 袁田，华鑫国际信托有限公司首席经济学家、中国信托业协会特约研究员。

鼓励银行理财和信托资金积极参与资本市场，优化激励考核机制，畅通入市渠道，提升权益投资规模。《指导意见》鼓励和倡导"长钱长投"的政策导向下，培育耐心资本对于建设良好资本市场生态的重要性不断凸显，发展耐心资本是支持科技创新、助力制造业升级、维护经济金融安全的战略主动选择。金融是国之重器，金融机构应认真研究落实耐心资本的实施主体、服务对象和创新服务方式，建立完善与耐心资本发展相适应的配套体系，促进经济高质量发展，助力实现中国式现代化。

随着信托业务三分类正式实施，信托业全面步入发展模式重塑、业务结构调整、增长动能转换的关键期。立足信托制度本源，信托业深刻把握金融工作的政治性、人民性，创新构建科技信托服务体系，发挥资金端和资产端双重优势，秉持长期主义理念，培育壮大耐心资本，促进科技、产业、金融良性循环，加快发展新质生产力，做好科技金融大文章。

一、信托公司培育壮大耐心资本的差异化优势

信托公司正处于回归本源的深化转型期，围绕新质生产力的发展特征，引导社会资本大力支持代表高端化、智能化、绿色化的现代产业发展，既是信托公司发展科技信托的核心导向，也是信托公司立足自身资源禀赋培育耐心资本，探索形成差异化核心竞争力的新路径。

所谓科技信托，就是指信托公司围绕科技产业、科技企业、科技项目，提供基于信托关系的资产管理与资产服务，实现赋能科技创新价值创造的信托目的。科技信托贷款、科技信托股权投资、科技创新主题的标品信托资管计划、知识产权信托等都可以作为科技信托的主要业务模式，也是信托公司培育壮大耐心资本的重要途径。

培育壮大耐心资本不仅指态度上的"耐心"，更重要的是方法上的"耐心"。信托公司应尊重科技产业和科技企业的发展规律，围绕技术创新和产业升级的全生命周期，有针对性地提供多样化的金融手段和工具。信托具有目的设立自由和信托工具运用多元化等特征，可以覆盖科技型企业全生命周期的金融需求。信托公司可以结合初创期、成长期、成熟期科技型企业的阶段性和个性化需求，加大科技信托创新力度，设计有针对性、差异化的产品和服务，有效运用多元化的信托业务模式。

（一）科创股权信托培育耐心资本"做精做熟"

科创股权信托是信托公司服务初创期科技型企业的主要工具之一。信托公司可以结合自身资源禀赋，厚植产业研究能力，引导社会资金参与设立科创产业基金，培育具备资产发掘和资产定价能力的耐心资本，逐步"做精做熟做强"。根据《中国信托业发展报告（2022—2023）》的统计，具有能源、电力、交通等产业央企（国企）控制股东背景的信托公司有15家，占信托行业整体的比例大于四分之一，这些具有实业背景的控制股东分布在现代农业、绿色电力、航空制造、海洋石油、交通运输等国家重大战略资源领域，许多实控主体本身就是现代产业链的链长或领军企业，是促进形成新质生产力的重要力量。例如，华鑫信托、华能信托、英大信托、五矿信托等信托公司可以充分借助股东的产业研究能力和市场资源整合优势，积极布局科创投资前沿领域。此外，具有金控背景且综合竞争实力较强的信托公司也都开始重点布局以科技创新为引领的新产业科技信托。

根据中国信托业协会信托业专题研究报告和相关报道，建信信托、上海信托、交银国际信托等具有金控股东背景的信托公司充分借助股东的金融资源整合优势，加强以战略性新兴产业为代表的科创企业直接投资，建立专业化的股权投资平台和管理团队，积极布局以新质生产力为代表的新产业赛道。

（二）科创标品信托助力耐心资本"做大做强"

信托公司可通过自主发行科创主题的标准化资管产品或参与投资科创主题的权益类公募基金，积极践行专业的机构投资者担当，倡导长期主义投资理念，引导中长期社会资金参与资本市场的科创领域投资，助力资本市场与科技产业有效互动和良性循环。2024年4月，国务院发布《关于加强监管防范风险推动资本市场高质量发展的若干意见》，要求提升对新产业新业态新技术的包容性，更好服务科技创新、绿色发展等国家战略实施，促进新质生产力发展。

根据中国信托业协会统计，截至2023年第四季度末，资金信托总规模为17.38万亿元。从资金信托投向构成看，投向证券市场（含股票、基金、债券）的信托资金规模合计6.6万亿元，占比约为38%，增幅持续攀高，证券市场成为权重最大的信托资金投向。信托公司可以根据多层次资本市场体系的差异化定位，设计科创主题标品信托，综合服务成长期和成熟期科技型企业，协同其他类型的金融机构和金融工具共同构筑支持耐心资本发展的金融生态。

（三）知识产权信托助力耐心资本"做通做远"

参照我国《信托法》对信托的定义，知识产权信托是指知识产权权利人（即信托关系中的委托人）基于对受托人的信任，将其拥有的知识产权及相关财产性权利转移给受托人，由受托人按照权利人意愿，以自己的名义为受益人的利益或特定目的，进行管理、运用或者处分的行为。

知识产权信托将知识产权权益管理与信托制度相结合，信托公司可以按照知识产权权利人意愿，提供针对受托人的专业信托服务，将权利人的知识产权及其衍生权益设立为信托财产，构建知识产权信托法律关系，整合多方服务机构资源，围绕知识产权的形成和成果转化过程，在知识产权的权利创造、转化应用、权利维护等方面持续发挥金融支持和资产及财富管理作用，服务各种类型和不同发展阶段的科技型企业。

信托公司不仅可以通过知识产权质押融资、知识产权证券化、知识产权投贷联动等资金信托方式在知识产权的权利创造及转化运用阶段为知识产权权利人提供高效的融资方式，提高产权流动性，还可以借助信托的资产隔离及财产管理功能，通过服务信托及慈善信托等方式，提供知识产权权益管理、维护、分配、代际传承、公益慈善等服务，实现对知识产权全链条和全流程的参与和管理。

（四）数据资产信托助力耐心资本"做新做广"

融合数据要素、人工智能、算法科技等新型生产要素的数智化产业升级是驱动新质生产力形成的重要新动能，技术基础设施与制度基础设施建设并重，信托公司在促进数据要素市场化流通，创新可持续发展商业模式，深耕数据资产化与资本化领域可以充分发挥制度优势，为数字经济发展提供创新的信托服务模式，拓展数据要素的应用场景，助力实现数据资产价值。

数据信托是符合信托法理的制度安排，将数据的全部或部分权利与权益作为信托财产，以信托法律关系约束当事人之间权利和义务的制度安排。从信托机构的功能角度，可以将数据信托理解为信托公司以数据及相关产业为服务对象，运用综合金融工具提供的投融资活动或受托服务，旨在服务数字经济发展和数字化社会生活需求。根据信托业务新分类标准，数据资产在监管部门批准下可成为新型资产服务信托的信托财产细分类型，当数据资产经过公允定价成为金融产品时，作为投融资标的数据信托业务也可以进入资产管理信托的范畴；当把数据资产产生的收益用于公益慈善目的时，数据信托也可以进入公益慈善信托的业务范畴。

结合国务院发布的《关于构建数据基础制度更好发挥数据要素作用的意见》（数据二十条）和财政部发布的《企业数据资源相关会计处理暂行规定》相关内容，数据资产"入表"自2024年开始正式实施。数据资产的价值将得以有效释放，也为信托公司开展数据信托业务创新提供了有效场景。由此可见，数据信托具有广阔的业务前景，可以成为促进数字金融发展的耐心资本力量。

综上，随着信托公司在科技金融领域的服务参与度逐步提升，立足信托制度本源，信托公司在发展科技信托，培育耐心资本的优势将逐步显现，主要体现为以下三个方面优势。

一是信托公司资金运用方式灵活，信托目的设立自由，信托业务领域横跨实体、货币及资本市场，可以综合运用股权、债权、投贷联动、股权投资基金、资产证券化等多种投融资工具和受托服务，满足科创企业的各类融资和服务需求。

二是信托公司不仅可以通过信托计划、基金等方式募集资金开展股权投资业务，还可以利用自营资金开展股权专向投资，联动协同为科创企业的不同发展阶段提供综合融资支持。

三是信托公司可依托股东资源优势，协同支持科创企业发展。信托公司的股东背景多样化，涵盖产业背景中央企业、金融控股集团、地方政府及地方国资企业、特色民营企业等，信托公司可依托股东资源优势，整合特色资源支持科技金融发展，形成培育和壮大耐心资本的金融生态圈。

二、信托公司培育壮大耐心资本的业务实践

科技企业普遍具有强专业、轻资产、少抵押、高成长、高风险的特点，发展过程初期较难获得与其核心竞争力相匹配的资金支持。信托公司坚持问题导向，为有效缓解科技企业融资难，多措并举为科创企业提供直接融资支持；立足信托公司各自资源禀赋和客户特色需求，创新探索资产服务信托模式，帮助科创企业实现科技创新的价值发现、价值创造、价值传承，行业不断涌现各种类型的典型业务实践，逐步形成可复制、可推动的商业模式。

（一）信托公司多措并举为科创企业提供直接融资支持

信托公司积极发挥自营业务及信托业务均可以开展股权投资的灵活优势，持续探索在多层次资本市场通过股权投资、产业基金、定向增发等模式服务科创企业的融资需求。

一是股权投资为引领，搭建"股—贷—债—保"全方位联动金融服务支撑体系，向科创客户提供一站式、全生命周期的专业化服务。建信信托依托建设银行的股东集团资源禀赋，通过子公司建信（北京）投资基金管理有限责任公司，累计投资超过260家科创企业，投资规模超300亿元，投资阶段覆盖科创企业的全生命周期，涉及众多细分行业科技龙头和"隐形冠军"，并带动大型央企、地方国企等各类国有资金投资于科创领域。

二是运用自营资金和信托计划多措并举参与私募股权投资。外贸信托严格建立投资标的筛选体系，匹配符合公司投资偏好与投资节奏的投资组合，资产组合中共有30余家科技创新企业实现在科创板上市，包括华大智造、唯

捷创芯、翱捷科技、峰岹科技、长远锂科等明星企业，培育耐心资本激发科创产业加速转型升级。此外，公司通过设立信托计划募集社会资金，采取市场化方式遴选私募基金管理人及优质股权项目资产，对非上市企业进行权益性投资，投资方向涵盖汽车、科技、新能源等科技创新领域，通过低碳化和数字化技术进一步助力产业变革，助力所投资产组合中的科技创新企业实现在科创板上市。

三是运用金融科技助力中小微企业科技赋能。华鑫信托针对小微及民营创业企业融资难题，与市场美誉度高、风险管理优秀的普惠服务机构合作，运用耐心资本培育创新、创业种子选手，发现、发掘最具创新活力的创业新动能，努力让金融活水精准滴灌更广泛的小微企业。通过自主开发构建全流程风险管理模型系统，实现7×24小时在线响应，充分保障普惠金融业务风险可测、可控、可计算，合法合规提升运行效率，已累计授信小微企业客户数145万家，融资金额近1500亿元。

四是深入服务科创产业供应链，提供科技金融直接融资支持。英大信托依托国家电网数字化金融服务平台"电e金服"以及南方电网供应链金融科技平台"南网e链"开展科技金融信托服务，累计服务电网上游科技型中小企业近150家，融资项目近700个，融资规模超6亿元，不断提升产业链供应链韧性，为电网产业链高质量发展提供了信托动能。

五是积极参与硬科技产业发展基金和并购基金，共建科创投资生态。陕国投信托围绕陕西现代化产业体系，深度参与秦创原军民融合、航天航空、高端装备、新材料等产业发展基金，为羚控电子、兴航航空等硬科技科创企业投资过亿元，联合海通证券、陕西省引导基金共同发起设立产业并购基金，用于新能源、新材料、先进制造业等高新技术类产业并购整合，发挥金融协同创新效能，壮大耐心资本。

（二）信托公司创新探索支持科技创新的资产服务信托

根据信托业务三分类规范要求，信托公司积极运用信托制度优势，为科创企业发展提供知识产权证券化、知识产权服务信托、数据信托等资产服务信托业务创新，回归受托服务本源、加快业务转型，积极寻找和培育壮大"耐心资本"的第二曲线。

一是充分运用信托本源优势，大力发展知识产权信托。华润信托参与发行的知识产权资产证券化ABN产品品种丰富，底层资产涵盖民营创投企业、大湾区科技创新等主题，规模累计超过22亿元，在银行间债券市场同类项目发行规模中份额占比超过50%。厦门国际信托针对企业研发投入资金不足的难点，为企业拟进行的研发创新提供金融支持，累计为近千家申请技术创新的企业或项目融资提供信托资金支持超过350亿元，发挥"财政政策+金融工具"的组合优势，通过企业技术创新基金服务信托、供应链协作基金服务信托等工具，实现财政资金引导社会资本对科创企业的精准滴灌，推动科技创新链条与金融资本链条的有机结合。

二是积极培育差异化优势，创新发展知识产权服务信托。北方信托与科技园区深度合作，专门设立知识产权信托服务办公室，为高校入驻科技园区的科研团队量身定制特色信托服务方案，为知识产权权利人和研发团队提供财产保管、执行监督、收益分配等基础服务，满足其专利成果转化收益管理服务需求，完善知识产权转化和创新人才激励机制，打通科研成果转化的"最后一公里"，打造金融助力科技园区发展建设的"信托样板"。

三、信托公司培育壮大耐心资本的能力建设

信托公司培育壮大耐心资本不仅需要坚持正确的价值导向，增强战略定力，还需要专业可信的能力建设支撑，激发组织创新活力，丰富金融产品及受托服务供给，坚守风险防控底线，履行机构受托人责任，为受益人最佳利益服务。

（一）建设金融为民与资本向善的信托文化

共同富裕是社会主义的本质要求，是中国式现代化的重要特征。培育和壮大耐心资本的根本宗旨就是践行金融的人民性，优化金融资源配置，为实现共同富裕保驾护航，助力建设中国式现代化。信托公司培育和壮大耐心资本要强化金融为民、资本向善的信托文化。信托业自2020年开始实施《信托文化建设五年规划（2020—2024）》，以受托人文化为核心，坚守"诚实守信、以义取利、稳健审慎、守正创新、依法合规"的中国特色金融文化，秉承"守正、忠实、专业"的信托文化理念，以受益人合法利益最大化作为展业原则，将良好信托文化贯穿业务和经营管理各个环节，构筑起培育和壮大耐心资本的信托文化基础。

中国信托业协会调研数据显示，近九成信托公司都组建了信托文化建设的组织架构，成立了信托文化建设领导小组，相关负责人都是董事长、总经理等公司高管，以高质量的信托文化建设，引领公司践行受托人职责。

（二）坚定战略定力与激发组织创新活力

信托公司培育和壮大耐心资本还需要将坚定战略定力与激发组织创新

活力相结合，结合信托业务深化转型，构筑支撑公司可持续发展的第二增长曲线。

信托行业内已有业绩稳健良好的信托公司主动将股权投资作为业务转型的重要战略方向，组建专业股权投资团队，自主培养与外部引进相结合，建立具有风险投资经验的专业人才队伍，设立股权投资业务决策委员会，与公司所在集团其他开展股权投资业务的单位协同，以固有资金和信托资金有机联动，建立与股权投资业务相适配的业务管理流程和人才培养体系，深度布局高端制造、新一代信息技术、航天航空等战略性新兴产业领域，不断积累耐心资本合理运用和科学管理的经验，切实有效地为处于初创期、成长期、成熟期等各环节的科技创新企业提供个性化的金融服务方案，引导股权投资产品逐步向体系化、矩阵化、品牌化发展。

（三）坚守风险底线与机构投资者受托责任

信托公司在培育和壮大耐心资本的过程中还应着重加强全面风险管理能力，针对科创投资风险高、回报周期长、管理链条复杂特征，科学界定技术风险、市场风险、政策风险和管理风险等各种类型的风险应对措施。公司管理层还应从完善公司治理的角度，制定针对耐心资本投资的专项风险管理机制，融入"三会一层"的治理体系和决策机制，科学界定受托人责任边界，合理实施容错机制，配套建立不良资产核销制度，确保耐心资本投资在机构投资者的受托责任范围内合法合规运行。

四、信托公司培育壮大耐心资本的政策建议与未来展望

信托行业应深刻理解耐心资本服务科技金融的着力方向和发展重点，充

分利用信托制度优势创新产品和服务，主动融入多层次的科技金融体系中，全面提升服务效率和水平，更好促进耐心资本向先进生产力转化，展现信托耐心资本的特色价值。

（一）积极培育基于长期主义的股权投资专业优势

信托公司应摆脱融资信托业务的路径依赖，树立产业金融、产业投资思维，提升基于产业的专业投资投研能力及风控能力是关键。立足自身能力和资源优势（如股东背景、区位优势）进行产业聚焦，以产业领域的龙头企业或关键企业为核心，通过对产业发展、产业链各环节及企业经营进行深度研究和持续跟踪，培育对产业及企业投资价值的评估、判断和决策能力和风险管理能力，以一二级联动、股权投资、股债结合等模式为产业链上的科技创新企业提供更能满足其个性化需求的方案，有效地引导耐心资本进入战略性新兴产业和未来产业领域。

（二）深入发挥信托制度优势开展资产服务信托创新

依托信托制度在财产独立、风险隔离、所有权及收益权分离重构优势，信托公司可以为科技创新企业提供更丰富的受托服务，进一步提升信托在服务科创企业知识产权融资、实现科技成果产业化方面的广度和深度，助力科创企业的创新发展。信托公司还应积极研究并运用地方政府的相关支持政策，积极开拓服务创新。例如，《江苏省知识产权促进和保护条例》明确提出，支持金融机构为中小企业提供知识产权质押融资、保险、风险投资、证券化、信托等金融服务；《上海市知识产权强市建设纲要（2021—2035年）》提出鼓励推动知识产权资产证券化、融资租赁、信托等金融创新。国家数据局发布《关于促进数据产业高质量发展的指导意见》（征求意见稿），鼓励创新数据保险、数据信托等金融服务产品。

（三）扩大与同业机构合作协同孵化培育耐心资本

科创企业在发展的不同阶段，对金融产品和服务的需求各有不同，单独某一类金融机构很难满足科创企业全生命周期的金融服务需求，这就要求金融产品及服务的供给方，针对科创企业金融服务领域中的短板弱项，发挥各自的优势进行分工合作和专业互补。信托公司要加强与银行、证券公司、创投基金管理人、政府引导基金管理人、地方融资担保公司等主体在科技创新项目信息共享、投贷联动模式共建、风险分担、并购退出安排等方面开展业务合作，共同为科技创新全链条、科创企业全生命周期提供综合融资服务。

（四）强化数字化风控能力提升耐心资本安全效能

信托公司应加快构建针对耐心资本管理运行的数字化风险管理体系，做好项目独立管理和内部防火墙，针对科创项目特点，利用大数据、人工智能等先进技术，建立数字化的风险评估模型，实现对各类项目风险的实时监测、预警和分析。有条件的信托公司可以建立适用于耐心资本运用的专项业务指引，同步建立风控、合规、运营联动机制，通过数字化治理方式，建立智能化管控中台，助力项目管理科学及时决策，有效配合监管报送与监督。

（五）加强投资者引导教育及耐心资本投资信息披露

信托公司培育和壮大耐心资本的核心举措在于引导信托投资者认可并信任相关投资产品和服务，增强投资信心。鉴于耐心资本投资的长期性、专业性和复杂性，信托公司在持续开展投资者引导教育基础上，还应建立适用于耐心资本投资的专项信息披露制度。信托公司在保护被投企业及标的项目合法商业秘密前提下，项目投后管理过程的尽责尽职状况需要向投资者合理披露，以保障投资人的合法权益。建议信托业协会积极组织相关主题的业务培训和耐心资本投资者教育专项活动，以利于信托投资者和社会公众增强对信托引导耐心资本投资方式和服务质效的了解，也有利于信托监管机构根据业务实践情况适时出台相关业务管理办法和规范，指导和监督信托公司合法合规开展耐心资本投资业务。

综上，在公司主动作为、协会落实自律、监管有效监督的共同作用下，信托业将引导和汇聚更多社会资金夯实和壮大耐心资本，促进信托业可持续和高质量发展，为促进新质生产力发展贡献更大力量。

五维赋能，协同发展

第7章　耐心资本支持科技金融发展

杨　涛[①]

导读：

当前我国科技金融发展成效显著，具体表现在银行业金融机构成为科技金融的"主力军"、资本市场成为科技金融的"生力军"、科技保险助力科技企业风险管理、科技金融政策探索与改革试点不断深入等方面，同时，我国科技金融发展也面临着一些挑战。新形势下制定科技金融发展战略，需要充分发挥耐心资本的力量，从重规模转向重质量，实现科技金融服务的长期性、持续性、稳定性，着力打造科技金融强国。应抓住科技金融创新的重点环节加以完善，包括科技金融需求侧、供给侧、科技与金融融合发展、基础设施与生态要素等。

20世纪以来，伴随工业革命带来的科技进步、资本集聚，科技与金融的融合成为影响经济社会发展的重要力量。回顾历史，科技与金融始终相辅相成。一是金融对科技创新的支持。自经济学家约瑟夫·熊彼特提出创新理论以来，众多理论与实证分析都表明，技术进步能够推动经济增长，而与之相对应，金融和资本对技术创新的作用及影响力也十分显著。二是科技对金融创新的促进。金融业在某种意义上就是特殊的信息处理行业，提供信息服务

---

① 杨涛，国家金融与发展实验室副主任、研究员、博士生导师。

也是重要的金融业务之一，因此，信息和通信技术的发展对金融创新至关重要。早在19世纪，金融业就是新技术应用的重要客户，电报技术令证券交易所的运作发生了质的改变。电报发明于1844年，当时纽约证券交易所立即使用该技术与距离遥远的券商和投资者进行通信，全面扩大了市场参与者范围。三是科技与金融的深度融合。近年来大数据、人工智能、云计算、区块链等新技术快速迭代，进而使得金融业创造出新的业务模式、应用、流程和产品，从而对金融要素和金融功能带来深远影响，反过来金融业对科技创新也进行全面布局或支持，二者的关系跨越了早期的单向支持阶段，呈现出融合共生的特点。综合来看，金融支持科技发展更需要体现中长期特征，而我们探讨的耐心资本，正是促进科技、产业、金融良性循环的重要举措。

一、科技金融的内涵与特点

迄今为止，政策层、学界、业界所讨论的科技金融，更多还是指金融如何支持科技企业与科技创新的问题。具体而言，对于科技金融，需要从科技金融需求侧的狭义视角和广义视角以及科技金融供给侧三个方面进行解读。科技金融需求侧是指科技金融产品或服务的支持对象，科技金融需求侧的狭义视角通常限于特定类型的科技创新企业及其创新活动，科技金融需求侧的广义视角可以涵盖所有科技创新主体或全部创新活动。科技金融供给侧指提供科技金融服务的主体和形式。

首先，从科技金融需求侧的狭义视角看，科技金融是指致力于支持科技创新企业发展的金融产品与服务。一方面，科技创新企业通常是指技术应用程度较高、产品创新与持续发展能力突出的企业。根据我国政府的相关政策，科技创新企业通常可分为高新技术企业、科技型中小企业和技术先进型服务企业。另一方面，面对不同类型科技企业的金融需求特征，金融机构可以提供一般性的产品与服务，也可以定制出更多特色化的专项科技金融产品。

其次，从科技金融需求侧的广义视角看，科技金融是指支持各类科技创新活动的金融产品与服务。科技创新是原创性科学研究和技术创新的总称，指创造和应用新知识、新技术、新工艺，采用新生产方式和经营管理模式，以及开发新产品、提高产品质量，提供新服务的过程。科技创新通常可分为知识创新、技术创新和管理创新等。与之相对应，金融支持科技创新具有更加广泛的内涵，如既包括典型的"硬"技术创新，也包括"软"技术和模式创新；既包括基础性重大科技突破，也涵盖走向市场化的应用性技术创新；既包括支持纳入各类产业政策支持目录的科技企业，也关注传统企业的科技创新与技术升级活动等。

面对不同层面的科技金融需求，从对应的科技金融供给侧视角看，可以包括面向科技企业、科技创新的投融资、支付结算、风险管理、信息管理等核心金融功能，也包括支持科技企业、科技创新的金融机构、金融市场、金融产品等核心金融要素，还可涵盖用于保障和服务科技创新的金融政策、金融制度、金融生态、金融基础设施等因素。其中，从融资视角看，无论是科技信贷等间接融资产品，还是科技债券、股权融资、结构性产品等直接融资产品，最关键的都是要解决金融服务的长期性、持续性、稳定性等，这也是通过发展耐心资本需要解决的挑战。

二、我国科技金融发展现状及面临挑战

在实践中，我国科技金融政策支持和科技金融统计的范畴，通常是基于科技金融需求侧的狭义视角，即限于特定类型的科技创新企业及其创新活

动，目前已经初步形成了多元化的服务格局。一方面，顶层设计与政策不断完善。如人民银行于2022年设立科技创新再贷款、设备更新改造专项再贷款等结构性货币政策工具，引导金融机构加大对高新技术企业、重点领域技术改造项目的融资支持，带动银行发放相关贷款近2万亿元。另一方面，金融支持力度不断提升。银行业金融机构成为科技金融的"主力军"。据人民银行近期统计，过去5年，高技术制造业中长期贷款余额年均保持30%以上的增速；科技型中小企业获贷率从14%提升至47%。截至2024年9月末，高技术制造业中长期贷款余额2.9万亿元，同比增长12%；全国"专精特新"企业贷款余额4.3万亿元，同比增长13.5%，均明显高于全部贷款增速。同时，证券业机构、保险业机构、信托业机构等都成为科技金融的"生力军"，相关业务创新不断深化。过去5年，科创类债券已建起注册发行绿色通道，发行规模持续提升，科创票据累计发行突破1万亿元。服务科技创新的股权融资市场快速发展，超过1700家专精特新企业在A股上市，创业投资基金管理规模达3.3万亿元。

需要注意的是，当前科技金融发展虽然成效显著，但也面临一些挑战。一是重点领域的科技金融服务深度尚显不足，其中科技型中小企业贷款、高新技术企业贷款相对绿色、普惠、涉农领域贷款还有所不足，对广义视角下科技创新活动的金融支持也存在缺失。二是单一、局部的科技金融创新产品越来越多，但是能有效覆盖科技创新全链条、科技企业全生命周期的金融服务，仍存在许多不足。三是直接融资支持科技企业与科技创新的空间还未充分打开，尤其是与科技创新特点相匹配的风险投资，因各种制约还没发挥出应有作用。四是作为支持方的银行和非银行金融机构还缺乏高效匹配的激励约束机制，同时对科技创新的理解和评估能力不足，有竞争力的专业人才配置有限，对科技活动的风险理解和管控水平有待提升。五是缺乏系统性、可信度高的科技企业信用评估模式和评级标准，使得"高人力成本、高研发投入、轻资产"的科技企业难以符合金融服务准入标准，相应的增信手段仍然不足。六是基于科技企业、科技创新特征的综合性风险管理、分散机制仍然有限，现有的科技保险、担保等产品发展仍整体滞后，新型的产业链风险管理工具创新明显不足。七是科技企业尤其是中小企业的业务不确定性较强，信息标准化、信息透明度和信息披露都有待提高，自身也缺乏充分的金融"有效需求"能力。八是运用金融科技成果反过来支持科技创新的探索不足，没有充分借助大数据、人工智能等新技术带动金融资源链、技术创新链、信息链、产业链的高效融合。

对此，迫切需要从制度、技术、生态等多方面入手，提升科技金融服务的"耐心"特征，更好地缓解科技金融创新中的痛点与难点。

三、提升科技金融的"耐心"需厘清战略逻辑

第一，需明确科技金融的理论逻辑。其中，关键在于实现金融理论逻辑与技术理论逻辑的有效融合。就前者而言，现代金融体系的根本价值是通过促进资源的优化配置，更好地促进经济增长与社会发展。由此，金融支持科技企业与科技创新，一方面，需要厘清金融功能配置的重点，不应只着眼于融资、投资等资金匹配，应该更关注风险管理、信息管理等金融市场基本功能的供给，以缓解科技金融服务功能失衡的矛盾。另一方面，需探讨发展科技金融的中间目标与最终目标，不应只局限于科技信贷、科技债券等衡量科技金融产品与服务的中间指标，更应该明确科技金融发展最终目标的优先次序选择，如究竟是着眼于促进经济增长、全要素生产率提升、科技进步与科创成果增加，还是增强产业链供应链韧性、企业活力改善等，最终目标选择

的差异性，将直接影响到金融支持科技发展的合理路径选择。

就后者来看，需充分认识科技创新特别是重大科技创新的成功或许只是小概率事件，由此需要深入分析技术创新理论自身的特征，研究、发掘、培育科技企业与科技创新的"有效需求"，从而寻找金融逻辑与技术逻辑的"最大公约数"，进而真正以金融力量助力提升科技创新成功的概率。对此，金融支持科技不能只靠"运气"和"撒胡椒面"，而需从技术内在逻辑出发，更缜密地分析科技企业与科技创新需求金融资源的类型、规模、价格、速度、频率与可持续性等。

第二，应重新审视科技金融的实践逻辑。一方面，当前国内众多研究都在对标国外科技金融的成功案例与经验，但考虑到科技创新的特殊性，似乎更应该深入研究科技金融领域的"失败"案例，并从中找到可以借鉴与规避的"雷区"。例如在美国，曾估值90亿美元的血液检测创业公司Theranos利用宣称的"黑科技"欺骗了众多知名金融机构与投资机构，最后其创始人也锒铛入狱。作为教训的是，在隐身模式（stealth mode）普遍存在的科技创新领域，如果缺乏有效的同行评议与量化指标衡量，则难以真正评估创新活动的"真相"，因此追捧前沿科技的金融与资本也常常付出代价。同时，当我们试图比较海外科技创新案例拥有来自政府、金融机构、投资者等多种金融支持时，更需要分析清楚多样化金融工具的选择逻辑与匹配特点，找到其中可资借鉴的规律。

另一方面，把握我国科技金融实践关键在于抓住"痛点"与"堵点"。例如，科技企业与科技成果的价值评价与信用评估，是各国科技金融发展都面临的难点，在我国遇到的挑战尤甚，因此如能构建一套适应科技规律与国情特色的科技信用评价体系，则是改善科技金融发展生态"土壤"的关键所在。再如，在间接金融主导型金融机构在短期内难以改变的情况下，如何使风险容忍度相对低的银行资金更好地满足科技企业需求，就成为理论、实践与制度创新的重中之重。

第三，需深刻认识科技金融的政策逻辑。一方面，回顾历史，1985年发布的《中共中央关于科学技术体制改革的决定》，提出"对于变化迅速、风险较大的高技术开发工作，可以设立创业投资给予支持"；同年，中国人民银行、国务院科技领导小组办公室发布《关于积极开展科技信贷的联合通知》。由此开启了以政策引导科技金融发展的模式。到2006年发布的《国家中长期科学和技术发展规划纲要（2006—2020年）》中，初步构建了相对完备的科技金融政策体系与工作机制。2024年6月，中国人民银行等七部门又联合印发《关于扎实做好科技金融大文章的工作方案》，标志着科技金融政策的进一步完善。如今，现有的科技金融政策已经是内容丰富、纷繁复杂，包括面向科技的信贷、债券、股票、保险、创业投资、融资担保等，体现在各类专项政策与综合政策之中，但是各类政策的统筹设计与综合配置仍然严重不足。更需注意的是，制定科技金融政策并不在于出台多少"政策文本"，而应在真正理解政策能做什么、不能做什么的前提下，推出真正能够改善科技金融服务的"有效政策"。

另一方面，政策评估是指依据一定的标准和程序，运用科学的方法，对政策的效益、效率、效果及价值进行综合判断与评价的行为，为政策的延续、修正、终止和重新制定提供依据，包括对政策的事前、事中和事后评估三种类型。就此而言，与当前各方推动完善的科技成果评价机制相对应，也应该构建科技金融政策的综合评价机制，系统梳理现有政策类型、工具、手段，减少重复而缺乏价值的政策，对有效但缺乏支撑的政策则努力创造外部条件，同时积极探索创新性的政策模式。此外需要注意的是，面对国家重大科技创新以突破"卡脖子"、常规科技创新以提升全要素生产率、中小科技企业创新以夯实基础等不同核心目标，相应的科技金融政策设计思路与运作重点也应有所差异。

第四，应该系统探讨科技金融的体系逻辑。一则科技金融更需推动供给侧结构性改革与优化，尤其不应该静态、片面地追求特定金融产品的规模与数量，而是要更加动态平衡、结构合理地推动科技金融服务优化。例如，面对科技企业与科技创新"看不准、转化难、风险复杂"的挑战，可构建具有特色的全面风险控制体系，努力为科技活动提供基于全产业链、全生命周期的服务。二则科技金融的需求侧完善应与供给侧并重。对于许多科技企业尤其是中小科技企业来说，虽然在科技专业方面可能有比较优势，但缺乏企业战略规划与高水平管理能力，更缺乏对金融知识、金融产品的有效认识，因此需重点改善其金融需求与金融应用能力。三则要做好科技金融大文章也不能"单兵突进"，而是抓住与数字金融、绿色金融、普惠金融、养老金融的"交叉地带"，实现功能排列组合的创新与完善，如数字金融带来的新技术与数据增信，有助于改善科技金融服务效率，面向中小科技企业的绿色金融和普惠金融支持，天然就与科技金融存在连接点。四则做好科技金融服务也需更多的复合型、专业型人才，现代金融业已经呈现更精细化的专业分工，科技领域更是"隔行如隔山"，如果缺乏科技与金融的复合型专业人才，那么在产品设计、服务模式与效果等方面都可能"南辕北辙"。五则激励相容机制也是必需的要素，即使得科技金融活动参与者的行为与整体目标相一致，以实现更高的经济效率和政策目标。例如，我国金融市场一直存在金融资源期限错配的挑战，也缺乏稳定的中长期资本供给，而科技创新则更需要耐心资本，对此就需要体制机制创新来实现参与各方的"激励相容"。

第五，不能忽视科技金融的开放逻辑。当前，稳步扩大金融领域制度型开放已经成为建设金融强国、实现金融高质量发展的重点环节，这强调的是金融领域规则、规制、管理、标准的开放。对于发展科技金融来说，一是应充分利用好外资，因为科技创新虽然存在风险与挑战，但一直就是全球资本追逐的重点领域。2024 年 2 月，国务院办公厅发布了《扎实推进高水平对外开放更大力度吸引和利用外资行动方案》，就旨在通过优化外商投资环境，吸引更多外资流入高新技术产业和金融市场，为全球投资者提供更多机会。二是也可合理支持科技企业走出去利用全球资本市场融资，这样既可以扩大金融支持渠道，也可能有效改善科技企业治理与扩大品牌影响力，并有效缓冲国际政治博弈的影响。三是科技金融服务体系在经过国内实践检验之后，同样也可以把"耐心型服务"扩展到海外优秀科技企业身上，这不仅能够为金融业拓展新的业务蓝海，也可以缓解"技术脱钩"的冲击。四是从全球来看，近年来都高度重视金融标准化在金融治理中的基础性制度地位，科技金融在相关业务规则、商业模式、风险控制、可持续发展等方面，更需要探索相关标准的完善，并争取在开放视野下获得更大的影响力与话语权。

四、推动科技金融创新需抓住重点环节

增加科技金融服务的"耐心"，需要从需求侧、供给侧等多方着手，共同推动打造科技与金融良性互动的良好格局。

第一，基于科技金融需求侧的探讨。需兼顾科技企业与科技创新活动。一方面，各类科技企业是科技创新的核心力量，只有满足好科技企业的各种金融需求，才能在企业微观层面上保障中国特色自主创新的顺利推进；另一方面，传统产业与企业的创新活动受到更多制约，也通常缺乏科技创新能力，同时获得科技金融支持的可能性更低，如果能通过加强金融服务激发其活力，就可能会使科技强国建设获得更广泛的基础。例如，对数字经济来

说，推动产业数字化转型更加迫切，需要深入探索金融工具、金融模式的创新，引导应用数字技术和数据资源使传统产业实现产出增加和效率提升。

需平衡好支持基础性重大科技创新与应用型科技创新。一方面，我国的基础型科技研究与创新能力仍显不足，如果仅靠政府财政资源支持，可能会陷入"撒胡椒面式"的困境，如果依靠金融资源支持，则需要有与长期风险相匹配的模式创新。另一方面，应用型科技创新的金融支持模式虽然更加成熟，但仍存在成果转化不顺畅、长期资本配置不足等问题，还需不断探索符合国际惯例与国情的模式。金融对二者的支持力度和节奏能否平衡好，也影响科技创新的短期与长期目标是否能协同好。

应努力增强科技企业的发展韧性与金融需求能力。一方面，科技创新的风险与不确定性较为突出，科技企业虽然在人才、技术、专业等方面具有比较优势，但并不意味着其管理水平、市场能力、可持续发展能力优于非科技类企业，只有对标海外一流同类企业，努力提升科技企业的价值与生命力，才能更顺利地获得金融资源的支持。另一方面，科技企业特别是中小科技企业，在了解国家金融政策、理解金融体系的标准与要求、运用合适的金融工具等方面，还存在一定短板，使其难以主动与金融资源对接或提出适合自身特点的金融需求。

第二，基于科技金融供给侧的探讨。需持续完善银行业金融机构的科技金融服务体系。一是从监管角度给予银行科技金融创新更高的风险容忍度，以及制定更切实可行的考评机制。二是致力于发展科技金融的银行需要重视系统规划适应科技金融发展的组织架构、网点布局、人才队伍、产品服务体系、授信审查评价、风险管控、考核评价、问责免责等机制。三是努力优化授信模式并更好地匹配科技企业估值特征，同时围绕科技企业需求"痛点"，做透做深科技金融服务，实现"授信+非授信""金融+非金融""融资+融智"

等多种组合。四是抓住重点科技领域建立专营团队、提升专业能力，并且探索与各类机构和组织的合作，持续建设科技金融共赢机制。五是充分发挥政策性银行的资金与运营优势，加大中长期资金支持力度，助力科技企业解决关键核心技术难题；同时运用科技创新再贷款等结构性货币政策，实现政策性金融服务与商业性金融服务的有效配合。

应不断拓展资本市场服务科技企业的能级。落实《关于扎实做好科技金融大文章的工作方案》提到"强化股票、新三板、区域性股权市场等服务科技创新功能"。对此，一是资本市场支持科技创新不能操之过急，需要为科技创新构建良好的激励约束机制。二是持续完善科技型企业上市融资、债券发行、并购重组的"绿色通道"；优化科技型企业股权激励制度机制；改善科技型上市公司融资环境；适当提高轻资产科技型企业重组估值包容性，支持科技型企业综合运用各类支付工具实施重组等。三是从充分发挥创投基金的作用入手，努力完善科创投资产业链，探索优化税收等相关政策，从而在科创领域形成更充足的长期资本。重点是畅通创投机构的"募投管退"全链条，拓展创投基金的中长期资金来源，完善IPO（首次公开发行）、并购交易、协议转让、回购、清算等多元化退出方式。

应积极发挥非银行金融机构的支持作用。非银行金融机构助力科技金融的潜在市场较大。例如，信托公司可结合科技企业的个性化需求，依托大数据和新技术，探索押品差异化管理、线上化管理和动态化管理，提供动产和权利融资及相关信托金融和法律服务，探索开展知识产权信托、数据信托、数字供应链信托等新型权益管理与服务。再如，融资租赁在支持科技创新中将大有可为，可以将科技企业的专利等知识产权作为租赁物，探索为技术密集型企业提供租赁服务；进一步拓展"租投联动"商业模式，努力为科技企业提供兼具定制化和标准化的特色产品，在协助科技企业融资的同时，与企业共担风险和共享收益。

应全面优化科技金融的风险管理机制。一是直面科技企业高成长性、高风险的特点，促使科技金融服务机构打造高度专业化的团队，不断提升面对特殊金融风险的把控能力。二是进一步创新支持科技企业发展的保险产品与模式，为各类科技创新与应用场景提供多元化风险分担机制，如科技研发费用损失、项目安全责任、关键研发设备故障等，帮助科技企业管理好研发、生产、销售、售后以及其他经营活动的全流程风险。三是推动服务科技企业的融资担保业务模式创新，发挥与科技保险的互补作用，共同完善科技金融风险补偿机制。

第三，基于推动"科技—产业—金融"良性循环的探讨。2022年12月，中央经济工作会议指出："推动'科技—产业—金融'良性循环。"这意味着科技金融不仅是单方面的金融支持科技，而是应与产业一起，实现彼此更加深层的、内生的互动融合。

积极围绕创新企业集群、创新产业链来探索金融支持模式。创新企业集群实现科技资源的规模经济效应，创新产业链则体现各类企业的创新能力与定位互补关系，其相应的共性金融需求非常突出。应探索完善符合二者需求特点的、标准化与个性化相结合的科技金融产品与服务，推动多方合作的产业链金融创新，在促进科技创新研发链、产业链、市场链"三链协同"的基础上，着力实现科技创新链、成果转化链、金融资本链的协同。

大力发展数字科技金融，实现科技与金融的深度融合。一方面，加快推动金融业数字化转型，使得银行业、证券业、保险业积极应用新技术全面改进业务模式，支持技术企业与金融机构之间在合规基础上的全面合作，为科技创新提供更多的应用场景和需求动力。另一方面，充分利用数据要素和新技术改进各类金融服务与产品，既从一般意义上提升金融资源配置效率，促进普惠金融、科技金融、绿色金融等协调发展，又从特殊意义上针对科技金融产品进行技术赋能，缓解成本、信息、效率等方面的固有难题。

第四，夯实科技金融健康发展的基础要素。其一，是创新与巩固数据基础设施建设。一方面，积极推动数据要素在科技金融活动中的作用，加强对科技金融机构与科技企业的数据治理，提升数据信息的透明度、标准化程度，缓解科技金融服务中的信息不对称问题。另一方面，密切围绕财政部印发的《企业数据资源相关会计处理暂行规定》，推动科技产业链中数据资源的可计量、可估值和进入财务报表，构建科技金融数据资产支撑体系，为科技融资提供更多创新制度保障。

其二，是探索完善面向科技企业的信用评估机制。一是推动科研诚信体系建设，促使科技创新活动及其参与主体能够坚持诚信原则，从而更好地符合金融支持条件。二是鼓励征信机构完善科技企业信用评级技术、评级机制，综合运用金融数据和替代数据，构建科技企业评价模型，增加科创类评价指标。三是研究和发掘适合科技企业特点的增信手段和模式，努力畅通金融机构与科技企业间的"信用信息渠道"。

其三，是梳理政府支持政策并提升效率和稳定性。一是当前的科技金融政策体系虽然内容众多，但不同政策的协调性仍然不足，部分政策的可操作性也存在问题，需要进行优化调整、增强政策合力。二是地方的改革创新试点，既要通过不断深化来助力区域科技金融健康发展，也可为国家层面的政策制定提供参考依据。三是随着科技活动的日新月异，科技金融政策既需要保持一定的长期持续性，也要与时俱进、动态优化。四是坚持推动科技金融的制度型开放，更好地"引进来"和"走出去"对接科技与金融资源。

其四，要健全中介服务体系和专业人才保障。科技与金融的高效融合，离不开中介服务机构的支撑。对此，一是可鼓励打造各类科技金融服务平台，致力于促进实现科技金融服务的系统化、规范化、便捷化。二是全面提升经济鉴证类中介机构服务科技金融的能力，这类机构包括会计师事务所、律师事务所、资产评估、信用评估、科技咨询、技术转移和转化服务机构等。三是大力培育专业人才队伍，加强科技与金融复合型人才培养，探索建立科技金融经纪人等制度。

其五，强化科技金融伦理与文化建设。提升金融与资本面向科技创新的"耐心"，更需要在金融伦理与文化层面的认同。一方面，新兴科技跨越式发展带来了更多伦理问题，而现代金融业也受到更多的伦理约束，由此衍生出金融科技伦理问题。对科技金融来说，需要高度重视伦理建设，不断探索金融支持科技发展的"软法"约束与合理行为逻辑。另一方面，健康的金融文化有助于推动金融业安全、健康、稳定发展，科技金融更需要加强文化建设，从而助力平衡好效率与风险的"跷跷板"。

第8章　耐心资本支持绿色金融发展

> 耐心资本作为秉持价值投资、责任投资理念的长期战略性投资资本，对于壮大绿色金融市场参与主体，为绿色金融发展提供可持续、长期、有耐心的资本具有重大意义。"双碳"战略部署下，绿色金融领域也为耐心资本提供了广阔的投资视角与机遇。当前，在耐心资本支持绿色金融发展的实际操作过程中，仍存在着绿色金融标准体系不健全、绿色投资及评价缺乏数据基础、"漂绿"加大了投资风险等一系列现实困境亟待解决。建议多措并举，形成合力，打造有利于耐心资本助力绿色金融发展，支持经济社会可持续发展的良好生态。

绿色金融是指为支持环境改善、应对气候变化和资源节约高效利用的经济活动所提供的金融服务和工具，发展绿色金融是推动经济社会可持续发展的必然要求。2020年9月，习近平总书记在第七十五届联合国大会上正式确立"双碳"的国家战略目标。2023年中央金融工作会议明确将"绿色金融"作为建设金融强国的"五篇大文章"之一。2024年7月党的二十届三中全会审议通过的《中共中央关于进一步全面深化改革　推进中国式现代化的决

① 罗丽媛，中国民生银行博士后科研工作站、中国人民大学财政金融学院博士后科研流动站博士后。本文仅为作者个人观点，与所在单位无关。

定》再次提出，要"积极发展科技金融、绿色金融、普惠金融、养老金融、数字金融，加强对重大战略、重点领域、薄弱环节的优质金融服务"，都对建立健全绿色金融体系，积极支持绿色低碳发展提出了明确要求。

目前，我国绿色金融的顶层设计基本形成，绿色金融业务快速发展，有力推动了我国经济社会的转型升级，但是绿色金融产品供给结构不合理，绿色信贷在绿色融资中始终占据主导地位。2016年《关于构建绿色金融体系的指导意见》指出"鼓励养老基金、保险资金等长期资金开展绿色投资"。2024年《关于进一步强化金融支持绿色低碳发展的指导意见》再次指出"推广可持续投资理念，吸引养老保险基金等长期机构投资者投资绿色金融产品"，强调了壮大绿色金融市场参与主体，发展长期资本在绿色金融中的重要地位。耐心资本作为一种注重长期投资、强调稳健回报的资本形式，对于壮大绿色金融市场参与主体，为绿色金融发展提供可持续、长期、有耐心的资本具有重大意义。

一、绿色金融发展现状

"双碳"战略部署下，伴随着《绿色信贷指引》《关于构建绿色金融体系的指导意见》《关于促进应对气候变化投融资的指导意见》《银行业保险业绿色金融指引》《关于进一步强化金融支持绿色低碳发展的指导意见》等一系列政策密集出台，以及中央金融工作会议"五篇大文章"的提出，我国绿色金融发展有了实质性进展，市场规模不断扩大并逐渐与国际标准并轨，在推动经济社会可持续发展的过程中发挥了重要作用。根据人民银行统计，本外币绿色信贷余额截至2023年末达到30.08万亿元，存量规模居于全球第一；根据商道融绿统计，截至2023年末，绿色债券市场累计存量规模为22157.53

亿元，相比于2022年同比增长25.48%。但是总体来说，当前我国绿色金融仍处于起步发展期，存在着诸多不足。

一是绿色金融领域仍然存在着巨大的融资需求。中金研究院测算发现，当前乃至未来较长的一段时期内，我国仍然存在较大的绿色融资需求，2060年前我国"碳中和"目标的实现大约需要139万亿元的投资，绿色金融领域存在较大的投融资缺口。[①]绿色低碳项目往往初期投资较大，更新设备、采用新技术都需要持续的投入，许多企业尤其是中小企业，由于自身资金实力有限，难以承担绿色低碳项目的巨大投资。尽管当前有关政策对绿色低碳项目给予支持，但绿色低碳项目的长期价值和潜在收益仍未被市场充分认可，单一的融资渠道和较高的融资成本难以较好地满足绿色转型处于关键阶段、对长期资金需求较大的企业融资需求。

二是监管日益趋严，全社会绿色低碳意识增强，投资者可能面临的政策变化、技术突破或限制、市场偏好和社会规范转变带来的转型风险增大。伴随着《上市公司可持续发展报告指引》《2024—2025年节能降碳行动方案》《关于加快经济社会发展全面绿色转型的意见》等一系列政策的出台，我国不断加大节能降碳工作推进力度，协同推进降碳、减污、扩绿、增长，对企业绿色低碳转型提出了更高的要求，高碳企业可能面临一定的监管处罚和整改要求。同时，近年来，全社会绿色低碳意识不断增强，逐渐形成节约适度、绿色低碳、文明健康的生活方式和消费模式。J.P. Morgan Asset Management 发布《ESG explained, 7 essentials you need to know》指出，企业ESG表现会对世界各国消费者的偏好产生影响，且这一趋势在中国消费者

---

① 碳中和之绿色金融：以引导促服务，化挑战为机遇［EB/OL］. https://research.cicc.com/frontend/recommend/detail?id=1914.

群体中最为明显。这一发展环境下，高碳企业将面临市场空间收窄、收益下降、经营成本提高等短期转型压力，进而对投资者产生影响。

三是绿色金融产品供给结构不合理，资本市场参与度有待提升。绿色金融主要包括绿色信贷、绿色债券、绿色基金、绿色融资租赁、绿色信托、绿色保险以及碳金融产品和衍生工具等，而当前我国绿色金融市场在很大程度上由绿色信贷和绿色债券主导，体系相对成熟、规模居世界前列，但符合绿色项目投入大、周期长特征的其他绿色金融产品仍处于发展初期。尤其是近年来，世界百年未有之大变局全方位、深层次加速演进，全球地缘政治风险加剧，经济增长面临的不稳定和不确定因素增多，国际市场融资利率维持高位，都给投资者情绪带来了压力。根据晨星统计，2023年第四季度全球可持续基金首次出现季度净流出，全球投资者共撤资25亿美元。《中国责任投资年度报告》显示，2023年，中国责任投资市场供给结构不合理越来越突出，信贷市场的绿色金融发展迅速，而资本市场责任投资艰难前行，中国ESG公募证券基金规模由2022年的4984.10亿元下降为4383.11亿元，全口径责任投资市场规模中，绿色信贷占比高达86%，绿色债券占比约6%，而证券投资基金的比重仅不足2%。长期以来，我国融资体系以间接融资为主，绿色信贷在绿色金融中占据主要地位，难以较好地满足多样化的绿色融资需求。

资本市场在撬动社会资源流向绿色低碳领域、满足长期资本需求、降低行业内中小企业的融资门槛和成本等方面可以发挥重要作用。中共中央、国务院印发《关于加快经济社会发展全面绿色转型的意见》，提出"积极发展绿色股权融资、绿色融资租赁、绿色信托等金融工具，有序推进碳金融产品和衍生工具创新"。《关于进一步强化金融支持绿色低碳发展的指导意见》提出，"进一步加大资本市场支持绿色低碳发展力度"，为资本市场服务经济社会绿色转型指明了方向。

四是绿色金融相关标准不统一，绿色项目信息不对称性高。当前，我国绿色金融顶层设计不断完善，但是国内绿色金融标准不统一，ESG信息披露和评估认证的标准仍不完善，企业披露信息良莠不齐，"漂绿"监管难度依然较大。同时，ESG信息披露需要企业投入大量专业人力和财力，包括数据收集和整理报告的成本，因此，许多企业不愿意或无能力披露必要的环境信息。以上问题的存在都导致投资者在进行风险评估和决策时面临数据不充分、不准确的问题，对公众、监管者、投资者造成了较大的困扰，无形中增设了资金参与绿色金融的"门槛"。

五是绿色金融发展目前仍然主要依赖于政策驱动，投资者参与绿色金融的主动性和积极性仍有待提高。资本是逐利的，绿色投融资往往具有前期投入大、回收周期长、收益相对较低、商业模式运行不成熟等特点，参与此类业务面临回报低、风险大等考验。同时，绿色金融项目面临外部性收益的问题，即带来的社会收益难以内化为经济回报，导致其在市场机制下难以持续发展，影响了社会资本参与绿色金融的积极性和主动性。《中国责任投资年度报告》显示，2023年，对主权基金、养老金、保险机构、银行理财子公司等50多家境内外资产所有者调查显示，有七成的受访机构认为监管要求是推动机构投资者参与责任投资的重要因素之一。面对气候变化、能源资源约束等日益严峻的全球问题，以及逐渐趋严的环境监管，企业面对的气候与环境风险逐渐增大。2012—2023年，商道融绿ESG风险雷达数据库共收录A股上市公司高达36621起ESG风险事件。[①]投资者进行投资决策时将环境等因素纳入考虑，考察企业中长期可持续发展的潜力，有助于投资者进行气候与环

① 资料来源：商道融绿2023年《A股上市公司ESG评级分析报告》。https://www.syntaogf.com/products/asesg2022

境风险管理，降低可能面临的转型风险以及气候变化相关的灾害与人类和自然系统的脆弱性相互作用而产生的物理风险。因此，未来应该更多地依靠市场机制来弥补外部性问题，通过碳排放交易等手段，更有效地将企业环境成本内部化，使市场在选择绿色金融产品和服务时能够更加自发地考虑到环境因素，而不是长期依赖政府的补贴和优惠政策。

二、耐心资本在支持绿色金融发展方面具有天然优势

资本作为社会主义市场经济的重要生产要素，是带动各类生产要素集聚配置的重要纽带，也是促进社会生产力发展的重要力量。资本与土地、劳动力、技术、数据等一样，都是活跃的生产要素。深入推进绿色低碳发展，离不开资本长期助力。当前，我国经济社会发展已进入加快绿色化、低碳化的高质量发展阶段，同时生态文明建设仍处于压力叠加、负重前行的关键期，在这样的背景下促进绿色发展，必须在全面绿色转型上下功夫，进一步激活耐心资本，助力构建多层次、广覆盖、供需更匹配的绿色金融支持体系，加大金融对绿色低碳发展的支持力度，协同推进降碳、减污、扩绿、增长，构建绿色低碳循环发展经济体系。我国金融市场也需要耐心资本，从而推动金融领域的改革与可持续发展。同时，可以促进价值共享和社会和谐发展，助力社会价值观的塑造、与新发展理念相契合并以此赋能绿色金融发展。

（一）从投资端来看，绿色金融领域为耐心资本提供了新的投资视角与机遇。

从全球实践看，耐心资本主要来源于政府投资基金、养老基金（包括社

保基金、企业年金、个人养老金）、保险资本等。根据人力资源和社会保障部等部门数据，截至2023年末，我国长期资本体量巨大，包括约8.24万亿元的社会保险基金累计结余、3.15万亿元的企业年金投资资产净值、27.67万亿元的保险业资金运用余额等，但这些资本配置权益资产的规模偏低。壮大耐心资本的一个重要抓手就是推动二级市场长期资金入市，稳定资本市场运行。

"双碳"战略部署下，绿色低碳发展是当今时代科技革命和产业变革的方向，绿色经济已成为全球产业竞争制高点，推动绿色低碳发展是国际潮流所向、大势所趋。一直以来，党中央高度重视绿色金融工作，党的二十大报告提出，要"完善支持绿色发展的财税、金融、投资、价格政策和标准体系"；中央金融工作会议指出"优化资金供给结构，把更多金融资源用于促进科技创新、先进制造、绿色发展和中小微企业"，并强调要做好绿色金融等"五篇大文章"；中央经济工作会议也多次提到"环保""绿色低碳"等相关表述。在全球主要国家碳中和行动背景下，追求长期回报的耐心资本，布局绿色金融显得恰逢其时。

"双碳"目标的实现不仅涉及能源结构调整，更涉及工业、交通、建筑领域、新材料、循环经济、碳交易与碳市场等各个领域，需要发展绿色低碳产业体系，倡导绿色低碳的生活方式，而促进能源结构、产业结构、消费结构等全方位转型不是一朝一夕能够达成的，需要大量的时间和资金投入来寻求合适的解决办法。绿色低碳领域的快速发展，将催生巨大的绿色投融资需求，除政府出资外，需要引入大量社会资本，更多地依靠市场投放绿色金融产品来发挥作用，无疑为金融业持续发展绿色金融带来广阔的市场空间。据彭博统计，2025年ESG资产规模将超过53万亿美元。[①]这些领域既是经济社

---

① 资料来源：彭博官网。https://www.bloombergchina.com/solution/sustainable-finance/

会发展全面绿色转型的方向，也是耐心资本实现长期稳健投资的重要渠道。耐心资本积极参与绿色金融有助于抓住"双碳"目标发展机遇，更加精准地对被投资的企业做好价值评估、投资分析，找到更优质的、符合国家发展方向和战略导向的投资标的，为优质企业提供长期稳定的资金支持，从而获得更加稳健的长期收益，推动经济社会可持续发展。同时，着眼于推动绿色低碳发展，也是耐心资本的社会责任所在，是时代性、互惠性、外部性相得益彰的社会影响力所在。

（二）从募资端来看，耐心资本与绿色低碳发展相契合，可以解决行业"缺长钱"和"无米下锅"的问题

绿色低碳产业对资本要素需求具有特殊性。一是绿色低碳产业普遍存在投资周期较长、短期收益相对较低特征，多数属于中长期项目，投资周期可能达到10年、20年，需要绿色投资秉持长期投资理念，持续投入才能产生综合效益。二是绿色低碳产业投资风险较高，对新技术、新工艺的应用程度高，部分涉及高科技的研发应用，技术风险贯穿于产业发展的全过程，相应的投资风险较大。同时，绿色低碳产业面临外部性收益的问题，增加了投资的不确定性。三是绿色低碳产业往往具有正外部性，其本质优势是正向的社会效应和环境效应，社会主体和公众往往可以无偿获取这项福利，导致私人收益小于社会收益。相对应的，绿色金融最突出的特点，即追求金融活动与环境保护、生态平衡的协调发展，最终实现经济社会的可持续发展，它更强调人类社会的生存环境利益，将对环境保护和对资源的有效利用程度作为度量标准之一，通过自身活动引导各经济主体注重自然生态平衡。

从资金的匹配角度看，耐心资本具有长期性、价值性、责任性的特征，与近年兴起的ESG投资理念具有高度的内在一致性，与绿色低碳产业的长周

期、高风险特性和强调社会属性等方面相契合。

1. 耐心资本是长期性的投资资本

绿色低碳产业普遍存在投资周期较长，短期收益相对较低特征。作为一种投资周期长、风险承受能力强的资本，耐心资本追求长期投资目标、坚持长周期考核，更加聚焦企业的潜在成长空间和长期发展战略，赋能企业全生命周期，从研发创新到市场扩展，再到成熟阶段的战略转型，有助于解决绿色低碳项目前期投资不足的问题，避免因短期资金压力而中断。同时，耐心资本看中的是未来投资的价值，不会因市场短期波动轻易改变策略，具有承受短期波动或回撤的能力和特征，能够跨越经济的周期性波动，为实现长期绿色发展目标提供持续、稳定的资金支持。因此，耐心资本不仅可以为绿色金融发展提供稳定的资金支持，还能够成为市场的稳定器，大幅减少绿色资本市场波动，增强稳定性和抗风险能力，对维护金融市场稳定、促进绿色金融发展，以及推动经济社会绿色低碳转型，都发挥着不可或缺的关键作用。特别是在全球经济波动加剧的今天，发展绿色金融尤其需要具备战略定力的耐心资本支持。

2. 耐心资本注重价值投资理念

传统金融在提供金融支持的过程中关注于企业历史业绩，如营业收入、利润率、抵押物等，而绿色金融的最终目标是以融资支持经济主体实现碳减排乃至碳零排，在目前政策安排下，碳减排的效果及其经济价值难以客观估量，导致绿色项目普遍存在抵押难、融资成本高的情况。耐心资本不是长期被动持有，而是对挖掘价值和创造价值的坚守，形成资本市场运作体系。其在选择投资目标时，不仅关注企业的财务表现，更关注其市场定位、创新能力以及可持续发展潜力，注重对企业的基本面、行业趋势和宏观经济环境等因素进行分析，强调对企业内在价值的深度挖掘。这种价值导向的投资策略使得耐心资本选择的投资对象往往具有长期的增长潜力和稳定的发展预期，恰好可以基于对绿色低碳未来价值的预期进行前瞻决策。

3.耐心资本是负责任的战略投资资本

资本是逐利的，绿色低碳产业面临外部性收益的问题，导致其在市场机制下难以持续发展。而耐心资本对于所投企业和行业超越一般基于财务指标所做投资的要求，不仅关注投资的市场收益情况，往往会将社会责任和环境可持续性纳入投资决策，有时还会具有一定的非营利性和正外部性，为了实现"耐心"目标、客户需求或其他社会责任目标而让渡股东的部分利益。耐心资本瞄准国家和产业发展的需要，重视企业的可持续发展能力，围绕经济社会发展的战略目标和重点领域进行针对性的投资，致力于寻找和支持能够带来长期价值和社会影响的项目，在为国家发展大局做出贡献的过程中履行自身责任。这一投资理念与ESG投资相契合，是绿色金融不可或缺的一环，在推动"双碳"目标实现的过程中必然发挥着重要作用。

总之，耐心资本作为秉持价值投资、责任投资理念的长期战略性投资资本，敢于坚持金融服务实体，能结合国家战略服务绿色低碳产业，围绕环保、节能、清洁能源、绿色交通、绿色建筑等领域重点投资布局，正在成为推动绿色金融发展的关键力量。耐心资本不仅是支持绿色低碳产业发展的核心保障，更是稳定资本市场、促进经济社会绿色低碳转型的重要支柱。在稳定资本市场过程中，耐心资本坚持长期投资和价值投资的理念，会有效遏制资本投机的"快进快出"现象并最终大幅降低资本市场和金融体系的波动性。在促进经济社会绿色低碳转型领域，绿色低碳产业往往具有长周期、高风险和强调社会属性等特性，追逐短期收益的传统投资形式难以较好地满足其多样化的融资需求，而耐心资本由于能适应大投入、长周期、高风险的新要求，与发展绿色金融高度契合，将成为促进经济社会绿色低碳转型的重要支撑。同时，通过培育和壮大耐心资本，中国的资本市场也将实现更为稳定和可持续的发展，为未来的经济高质量发展以及中国式现代化建设提供有力支撑。

三、耐心资本支持绿色金融发展的现实困境

耐心资本不仅是发展绿色金融的关键助力，也是建设金融强国、推动经济可持续发展的重要保障，但在耐心资本支持绿色金融发展的实际操作过程中，仍存在着一系列现实困境亟待解决。

一是绿色金融标准体系不健全，仍有不少金融工具缺乏支持绿色低碳产业的指导标准，增设了耐心资本参与绿色金融的"门槛"。与巨大的绿色金融投融资需求相比，当前我国绿色金融发展仍存在标准体系不够完善的问题，绿色金融、转型金融、碳金融的定义范围亟须明确，识别绿色技术、绿色项目的具体技术标准和衡量准则仍然缺位，绿色金融标准、产品、服务体系远未满足相关需要，导致碳核算、绿色债券发行、产品创新所依赖的基础不够明确，绿色技术、项目的环境效益难以量化评估，影响资产定价和资源配置效率。

二是环境信息披露仍需进一步加强，绿色投资及评价缺乏数据基础，提升了投资决策成本。环境信息披露是发展绿色投融资的基石，直接影响投资者和企业之间的良性互动，近年来监管部门不断完善环境信息披露要求，但信息披露的广度、深度和透明度亟待提升。当前，我国仍缺少规范的环境信息披露规则以及统一的披露标准，对环境信息披露的强制性约束较少，导致部分绿色项目参与主体对披露内容存在理解偏差，只有少数ESG报告经过了第三方独立机构鉴证，出现信息披露意愿不强、披露标准不统一、披露形

式不规范、披露质量待提升、披露范围待拓展等问题。受此影响，绿色金融的发展面临突出的数据短缺及数据获取难度大等困难，相关数据无法做到可信、可比、可验证，使得耐心资本投资者在对投资标的企业的环境表现进行评价过程中，缺乏客观的数据基础，投资者的筛选甄别成本增加，投资风险也随之加大。

三是绿色金融市场存在"漂绿"现象。目前，绿色金融产品的规范化程度仍有待提升，绿色金融市场存在部分产品为迎合绿色投资需求夸大产品的环境效益与可持续发展能力来吸引投资者，更有甚者其投资实践与对外宣称所采用的ESG投资策略完全不符，导致一些徒有其名的投资产品混迹于绿色金融市场之中，除了违背绿色金融理念，造成市场乱象之外，还会增加耐心资本参与绿色金融的投资风险。

四是绿色金融风险识别与管理仍需进一步加强。绿色低碳行业的发展往往伴随着高风险、高投入，同时绿色低碳行业普遍存在投资周期较长、短期收益相对较低等特征，应对政策风险、市场风险等各类风险的能力较弱，增加了投资收益的不确定性。因此，提升风险识别与管理能力，降低投资风险对于耐心资本参与绿色金融至关重要。

四、政策建议

耐心资本是整个经济金融以及市场各方共同构成的资本生态，引导耐心资本积极参与绿色金融也需要更加系统性地考察、分析，多措并举，形成合力，打造有利于耐心资本助力绿色金融发展，支持经济社会可持续发展的良好生态。

一是完善绿色金融标准体系，构建监管制度体系框架。绿色金融标准既是规范金融机构合规开展业务、开发金融产品与服务、防范金融风险、确保绿色金融自身实现商业可持续的重要前提和依据，也是耐心资本参与绿色金融的基石，是推动经济社会绿色发展的重要保障。首先，建立健全绿色金融标准体系建设，划定高碳行业绿色低碳转型界定标准及纳入范围，制定和完善绿色债券等绿色金融产品的相关标准和指引，提高对绿色项目认证评级、环境风险评估等方面的要求，为绿色金融发展提供有力的政策支持和保障。其次，加强绿色金融基础设施建设，不断完善绿色信用体系、绿色评级体系等，提高评价的准确性和科学性，为耐心资本投资者进行投资决策提供有力支撑。另外，充分发挥市场专业机构在完善绿色金融标准体系中的作用。以MSCI、Bloomberg为代表的机构在国际市场绿色金融标准体系建设中发挥了重要作用，借鉴以上经验，我国在完善绿色金融标准体系建设的过程中可以充分发挥证券研究机构、评级机构、数据服务提供商、指数公司等专业机构的力量，加快建设市场化的、具有广泛共识的绿色金融标准体系。

二是加快建立健全有约束力的绿色信息披露机制。完善的绿色信息披露机制可以优化金融资源配置，缓解绿色投融资信息不对称问题，提升耐心资本投资者投资决策的科学性和准确性。首先，在顺应国际发展趋势、遵循绿色金融领域普遍接受的国际共识、借鉴国际相关规则制定经验的基础上，立足我国基本国情，不断完善信息披露的相关标准和指南，明确披露的内容、格式和要求，强化信息披露可比性。根据不同行业特性，出台适应不同行业特征、可量化的披露指引，明确绿色金融各主体信息披露的主要内容。其次，加强对环境信息披露的监管和执法力度，明确需强制披露的信息，逐步实现"不披露就解释"，持续规范披露指标，扩大强制性披露范围，不断激励企业披露环境信息，为绿色投资及评价奠定数据基础。最后，加强针对数据的监管和审计要求，鼓励企业聘请第三方独立机构对其ESG报告进行鉴证和审计，以提高数据的准确性和可信度，避免"漂绿"等风险，为耐心资本投资者评估企业的长期价值，科学化地制定投资决策提供有效参考。

三是在绿色金融领域，运用耐心资本，降低风险至关重要。首先，统筹发展和安全，落实对风险早识别、早预警、早暴露、早处置要求，完善债券违约、私募、交易场所等重点领域风险防范化解机制，维护资本市场基础设施运行安全，进一步增强资本市场对绿色低碳行业的包容性、适配性。其次，设置更加科学的投资者准入门槛，以资产规模及投资经验等维度对投资者进行区分，实现耐心资本的有序发展和稳步扩大，加强耐心资本投资者绿色金融风险教育和市场引导，提高环境风险的辨识能力和防范能力。

四是利用金融科技手段，降低投融资信息不对称问题。金融科技赋能耐心资本，有助于为耐心资本甄选目标企业、参与公司治理、优化投资策略提供更加精准化、多元化的工具手段，促进金融资源向绿色低碳产业集聚，切实推动绿色金融发展。首先，借助大数据、区块链等金融科技手段，搭建绿色金融产融对接平台，实时发布绿色企业与绿色项目需求，实现绿色融资需求与耐心资本供给的精准对接，降低投资者寻找和认定绿色企业和绿色项目的成本，提高资本配置效率。其次，搭建绿色金融产业数据、绿色金融数据共享平台，提供绿色数据查询和共享服务，促进绿色产业与投资者之间的数据交流和共享。

五是构建合理的促进耐心资本参与绿色金融的激励约束机制，充分引导更多资源投向绿色发展领域。实现耐心资本参与绿色金融，助力"双碳"目标的关键，是通过有效的激励约束安排，降低交易成本，帮助克服信息不对称问题，充分激发其积极性、主动性、创造性。首先，应加快设计针对耐心资本参与发展绿色金融的具体激励约束考核设计，金融监管部门应从降低成本和加大考核评价力度等方面进一步强化其向绿色低碳领域配置资源的动力和能力。其次，鼓励金融机构和企业创新绿色金融产品，积极开发绿色股票指数、绿色债券指数、绿色证券化产品、碳金融产品等金融产品，为投资者提供更方便的投资工具及产品。其次，要在充分尊重市场规律的前提下，发挥政府这只"有形的手"重要作用，围绕"双碳"战略布局，聚焦产业发展实际需求，通过提供税收优惠或补贴等相关政策，引导耐心资本坚持做长期投资、价值投资、责任投资，支持绿色低碳产业发展。

第9章　耐心资本支持普惠金融发展

汪　勇　王远卓[①]

▋∙导读∙

　　本章概述了普惠金融和耐心资本的概念和特征，阐述了耐心资本在普惠金融实践中的重要作用，以及耐心资本支持普惠金融发展的作用路径与应用现状，列举了耐心资本与普惠金融结合的成功案例；分析了耐心资本支持普惠金融的主要挑战，体现在资金来源、合适投向、管理体制和退出机制、风险防控等方面；提出了推动耐心资本支持普惠金融发展的对策建议，包括多元化拓展耐心资本募资渠道，引导耐心资本合理投资导向，完善耐心资本管理体制和退出机制，提高耐心资本的风险防控能力。

　　2023年10月中央金融工作会议提出，"做好科技金融、绿色金融、普惠金融、养老金融、数字金融五篇大文章"。习近平总书记明确要求"普惠金融要雪中送炭、服务民生"，"要始终坚持以人民为中心的发展思想，推进普惠金融高质量发展，健全具有高度适应性、竞争力、普惠性的现代金融体系"。党的二十届三中全会指出，要"积极发展科技金融、绿色金融、普惠金融、养老金融、数字金融"。这为新时代普惠金融的高质量发展提供了根

---

①　汪勇，中国社会科学院金融研究所副研究员。
　　王远卓，中国出口信用保险公司研究员。

本遵循和行动指南。

2023年7月，国务院国资委提出"三个集中"和"三个资本"："推动国有资本向关系国家安全、国民经济命脉的重要行业集中，向提供公共服务、应急能力建设和公益性等关系国计民生的重要行业集中，向前瞻性战略性新兴产业集中；坚守主责、做强主业，当好长期资本、耐心资本、战略资本"。2023年末，证监会根据中央经济工作会议精神，提出大力推进投资端改革，推动健全有利于中长期资金入市的政策环境，引导投资机构强化逆周期布局，壮大耐心资本。此后，在中央政治局会议与二十届三中全会上，耐心资本先后得到进一步阐述和突出。

一、普惠金融与耐心资本概述

（一）普惠金融的概念和特征

普惠金融是通过一系列金融产品和服务，使那些传统金融服务体系难以覆盖的人群，包括低收入人群、小微企业、农村居民等，能够以合理的成本获得和使用金融产品和服务。普惠金融的特征包括普及性、包容性、可达性、可负担性、责任性和多样性，旨在促进金融资源的公平分配，提高金融服务的普及度和可达性，有助于促进经济增长和减少贫困，推动社会包容性和稳定性。

（二）耐心资本的概念和特征

耐心资本是投资者不追求短期回报而看重长期价值，期望能在投资项目得到发展或扩大规模时收获长期的未来收益，从而向发展伙伴注入的一种投资周期长和风险承受能力强的长期性价值投资资本。耐心资本的主要形式包括捐赠基金、养老基金、保险资金、家族办公室、主权财富基金、私募股权投资、天使投资、风险投资等。耐心资本的特征包括专注长期目标，投资周期长，风险承受能力高，灵活构建债权和股权等多元化混合融资模式，有助于提升投资项目稳定性和可持续性等。

二、耐心资本支持普惠金融发展的理论与实践

（一）普惠金融中耐心资本的重要作用

发展和壮大耐心资本，对发展普惠金融具有重要的积极意义。普惠金融旨在为社会中低收入群体和中小微企业提供更为广泛的金融产品和服务，是实现社会公平和金融可持续发展的重要途径。在普惠金融的实践中，耐心资本的重要作用主要体现在增强普惠金融包容性、降低普惠金融融资门槛、提供长期稳定资金支持以及促进社会稳定上。

1.增强普惠金融包容性

耐心资本能够打造更加灵活的混合投融资模式，给出多样化资本综合解决方案，有效支持困难地区和扶贫项目以及社会性项目，关注那些被传统金融忽视的领域和群体，如农村地区、贫困地区、中小微企业、低收入人群等，为这些领域和群体提供金融服务，从而扩大金融服务的覆盖面，显著增强普惠金融服务的普及率和包容性。

2.降低普惠金融融资门槛

基于摩根法则，许多中小微企业和个人由于信用记录不足或缺乏抵押物、质押物等原因，难以从传统金融机构获得贷款。耐心资本对借款人的信用要求不像传统金融机构那样严格，更注重借款人的潜在增长和还款能力，能够打造更加灵活的融资机制，鼓励创新适合低收入人群和小微企业特色的

金融产品和服务，如小额信贷、微型保险、移动支付等，帮助上述信用记录不足或缺乏抵押品小微企业和个人获得金融服务，从而降低融资门槛。

3.提供长期稳定资金支持

耐心资本为长期性价值投资资本，通常具有更长的投资期限，不追求短期内的快速回报，而是注重企业的长期成长和可持续性发展，为实现长期发展目标提供持续和稳定的资金支持。这对于处于初创期和成长期的小微企业和科创型企业尤为重要，这些企业需要较长时间才能实现盈利，耐心资本的长期稳定资金能够为上述企业提供有力的普惠金融支持。

4.促进社会稳定

耐心资本不仅追求经济回报，还可以面向低收入群体提供金融产品和服务，有助于改善低收入群体生活条件，提高消费能力，进而促进社会稳定和谐。

（二）耐心资本支持普惠金融发展的作用路径与应用现状

耐心资本支持普惠金融健康发展，主要包括资本投入路径、风险承担路径、产业融合路径和金融创新路径，上述作用路径分别应用于助力中小企业创新发展、目标企业可持续性发展、乡村振兴和"新市民"金融服务领域。

1.基于资本投入路径助力中小企业创新发展

当前，大量科创企业和中小企业积极参与创新活动，成为实体经济创新主体。由于社会信用制度和担保体制不健全，传统金融机构在信贷考核和授信过程中，普遍存在规模歧视和所有权歧视，叠加上述企业缺乏足值抵押物以及抵御风险能力较弱，导致上述企业融资难度较大且融资成本较高。而耐心资本是培育和发展新质生产力的资金"活水"，基于资本投入路径，通过深入发掘中小企业和科创企业的内在价值和长期发展潜力，为目标企业从萌芽期到成熟期的发展，提供长期稳定的资本投入和资金扶持，打破传统授信模式，提升企业创新项目的稳定性和可持续性，从而支持普惠金融助力中小企业和科创企业的创新发展。

一方面，相较于传统金融机构注重抵质押物价值、第二偿债主体责任，耐心资本打破了这种传统授信模式，放松了对借款人的信用要求和当期财务考核，转向长周期考核，对中小企业和科创企业的技术创新、领先优势、商业模式等非财务指标和财务指标进行综合考量，促进传统信贷授信模式的转变，为普惠金融提供资本投入助力中小企业创新发展。另一方面，耐心资本更注重中小企业和科创企业的成长性和未来资金还款能力，聚焦目标企业发展潜力和远期收益，基于长期的信贷投放模式来确定合理的资金回笼方式。同时，耐心资本借助各种融资工具提供相对宽松的融资条件和长期资金，提升长周期考核的风险管理能力，使得目标企业的投资项目跳出短期财务压力和放宽融资约束，提升其创新项目的稳定性和可持续性。可见，耐心资本通过资本投入路径推动普惠金融发展，助力中小企业和科创企业的创新发展。

2.基于风险承担路径助力目标企业可持续性发展

一方面，耐心资本是负责任的战略投资资本，采取具有高度责任心的战略性价值投资策略，更加重视未来的长期回报，耐心资本投资者愿意与目标企业共同承担一定时期内的经营风险和投资风险。耐心资本与被投资企业之间建立长期战略伙伴关系，积极参与企业的科技创新、项目开发和经营治理之中。在投融资层面，双方在战略互信关系的基础上共同承担风险，降低了目标企业的资金压力和财务负担，同时，耐心资本通过长期往来、范围经济、专有"软信息"等获取长期超额收益。

另一方面，技术创新通常伴随着较大的不确定性和投资风险，而耐心资本是创造性的风险投资资本，在长期的投融资过程中，将会有效分担被投资企业的技术创新风险。耐心资本可以有效助力"卡脖子"技术企业和科创企业度过发展阶段的困难时期，不仅能够提供资金支持，还能为目标企业创新走出初始阶段的"死亡谷"提供引导，有助于鼓励目标企业积极开展技术创新和模式改造，对于推动技术进步和产业升级具有积极作用。在科技创新和产业升级的长周期中，耐心资本通过充当技术和财务顾问、发挥管理层正向激励、约束大股东短视行为、提升董事会独立性等手段，积极参与企业经营管理活动，为企业营造良好创新环境，助力目标企业走出企业创新的"死亡谷"。

可见，耐心资本基于风险承担路径推动普惠金融发展，通过共担投资风险和分担目标企业技术创新风险，助力目标企业可持续性发展。

3.基于产业融合路径助力乡村振兴发展

当前，完善农村金融体系是乡村振兴的重要保障，在这个过程中，耐心资本基于产业融合路径支持农村普惠金融发展，继而为乡村振兴贡献力量。

一是耐心资本借助金融产品创新提供长期和稳定的资本支持，搭建农业乡村发展的全产业链和全供应链，促进农户与企业合作，加快农村产业融合，加速资金融通，促进现代化农业发展模式升级，以达到农村增效、农业增绿和农户增收的发展目标。二是耐心资本把农业融资与融智的综合服务路径，贯穿于农业农村振兴的全过程，将新兴金融科技与综合金融服务体系深度融合，并将其融入农村中小企业生意圈和乡村居民生活圈。三是耐心资本沿着农村经济供给侧结构性改革目标，推进农业金融科技和农业产业的集群化发展，带动农村地区产业结构升级优化，培植农业农村发展新动力。四是耐心资本坚持金融科技和长期资金引领，坚持农村畜粮生产经饲统筹、农林牧渔结合、一二三产融合发展模式，带动先进产业、创新科技和优秀投资项目等向农村和农业集中，促进农村走向生产高效、产品安全、资源节约、环境友好的社会主义现代化新农村道路。可见，耐心资本通过产业融合路径增强普惠金融，助力乡村振兴发展。

4.基于金融创新路径助力"新市民"金融服务

"新市民"金融服务对金融体系的产品创新、服务创新和投融资渠道创新，都提出了全新的要求。耐心资本基于金融创新路径，助力普惠金融增强"新市民"金融服务质效。一是金融产品创新路径，耐心资本支持金融机构开发创新适合中小微企业和中低收入群体的金融产品，如小额信贷、微型保险、农村金融产品等，推动了普惠金融的快速发展，促进包括保险证券、理财和财富管理，以及信贷活动等业务的开展。二是金融服务创新路径，耐心资本支持金融机构开发创新和使用移动银行、互联网支付、数字支付等数字化技术，以降低金融服务成本，提高金融服务的可达性和便利性。三是投融资渠道创新路径，耐心资本支持金融机构不仅创新网络平台和各类投融资工具，而且丰富投资和融资渠道，面向小微企业和科创企业创新创投、股权和债权等多种投资方式，有效满足了更广泛客户群体和实体企业的金融服务需求。

可见，耐心资本基于金融创新路径，增强普惠金融服务的易得性、便捷性和普及范围，充分发挥了普惠金融服务的"长尾效应"，不仅能够激发农村、城镇等地区长尾客户群体的创业热情，而且能够带动长尾客户购买各类储蓄产品，扩展了理财渠道，增加了客户群体的财富收入。这有助于提高包括广大农村和金融不发达地区在内的居民家庭整体收入水平，从而推动实体经济总体水平提升，助力"新市民"金融服务发展。

（三）耐心资本与普惠金融结合的成功案例

当前，耐心资本助力普惠金融发展的成功案例较多，比如，保险资金作为典型的耐心资本，参与公募 REITs 投资和管理，就是耐心资本与普惠金融有效结合，为基础设施建设项目和社会公益性项目投资，以及为社会中低收入群体提供金融产品和服务，助力社会公平和实现可持续发展。

保险资产管理公司作为保险业专业投资管理机构，过去通过在中保登发行债权投资计划、股权投资计划和资产支持计划等，推动保险业的长期限资金参与社会基础设施领域投资，积累了丰富的投资、管理、运营经验，也为实现社会公平和可持续发展发挥了积极作用。2023 年 3 月，证监会指导沪深证券交易所出台《保险资产管理公司开展资产证券化业务指引》，支持资质优良的保险资产管理公司深度参与证监会体系的资产证券化业务（ABS，Asset-Backed Securitization）和公募不动产投资信托基金业务（REITs，Real Estate Investment Trusts）。具体而言，在符合相关条件后，保险资产管理公司可以作为证监会体系资产支持专项计划的管理人，利用保险资金作为耐心资本，深度参与 ABS 业务和公募 REITs 业务。2023 年 10 月，中国人寿资管、泰康资管、太平洋资管、中国人保资管和平安资管 5 家保险资管，已获准开展 ABS 和公募 REITs 业务。对公募 REITs 而言，保险资产管理公司及其同一控制下的公募基金不仅可作为投资人参与战略配售和网下申购，还可担任资产支持证券管理人、基金管理人和公募 REITs 发行人，极大促成了保险资金作为耐心资本，全链条深度参与到公募 REITs 业务，有效推动公募 REITs 市场高速增长，助力普惠金融发展。

"十四五"规划指出，要推动基础设施领域不动产投资信托基金即公募REITs 健康发展，发掘优质基础资产和底层项目，盘活存量资产，实现新增投资和存量资产的良性循环。而保险资金作为耐心资本，以投资人和管理人身份深度参与公募REITs业务后，能够快速促进公募REITs市场扩大规模。保险交易所数据显示，仅从保交所发行的资产支持计划来看，2021年度，保险资产管理机构共发行登记37只，管理资产规模达到1500余亿元；2022年度，登记发行数量已攀升至65只，对应的管理资产规模攀升至3000余亿元，实现同比增长近100%；2023年，登记发行数量进一步爆发至93只，管理资产规模达4595.74亿元，再创历史新高。从实践层面来看，保险资金作为耐心资本参与公募REITs投资和管理，使得保险资金投资基础设施建设项目的种类不断扩容，逐步扩展到交通运输、水利建设领域以及民生工程和棚户区改造等社会公益性项目领域，而且正在持续推动资产支持证券等资产管理业务，提供了长期且稳定的资金支持，助力一大批社会公益性项目和民生性项目成功落地。这些都有助于增强普惠金融的包容性，促进社会公平正义和可持续发展，极大提升了普惠金融的质效。

三、耐心资本支持普惠金融发展面临的挑战

当前，耐心资本支持普惠金融发展也面临一定挑战，主要体现在资金来源、合适投向、管理体制和退出机制、风险防控等方面。

（一）耐心资本资金来源不足

当前我国耐心资本的资金，主要来源于两大类长期资金，一是天使投资、风险投资、私募股权投资等VC/PE类资本，二是政府引导型基金、养老基金、保险资本、企业年金等，但是目前这两大类长期资金支持普惠金融的力度都略显不足。

一方面，基于VC/PE类资本视角，不仅当前国内优质资产荒状态加剧，而且VC/PE类资本整体投资回报率也不断降低，共同造成VC/PE类资本投入有所下降。清科研究中心统计最近6年来国内VC/PE类资本的数据显示，VC/PE类资本支持科创企业和中小企业的IPO总量和投入规模均呈现倒U分布，资本支持的高峰集中在2021年，VC/PE类资本面向432家中小企业和科创企业，一共支持了5435亿元资金；2023年，国内VC/PE类资本支持上市公司数量仅为267家，提供的资金融资总额仅为2829亿元，且主要集中在半导体领域企业。在普惠金融范畴下，VC/PE类资本投入的下降，导致中小企业和科创企业对耐心资本的资金需求持续攀升。

另一方面，政府引导型基金和养老基金作为价值投资和长期投资的典型资金，理应成为耐心资本的重要力量，但是两类基金的规模相较于国外耐心资本仍有一定差距。根据OECD统计，截至2022年末，中国养老基金占GDP的比重为2.4%，低于印度的3.1%、德国的6.5%和韩国的15.5%；中国个人养老金约为4129亿美元，低于澳大利亚的2.1万亿美元、加拿大的3.1万亿美元和美国的35万亿美元。根据《2024年上半年中国母基金全景报告》数据，截至2024年上半年，国内政府引导型基金一共有318家，基金资产总规模达到4.5万亿人民币。而挪威政府养老金全球基金作为全球最大的主权基金，截至2023年末，该基金规模达到157650亿挪威克朗，约合10.8万亿人民币，该基金资产的70.9%投资于权益项目，27.1%投资于固定收益项目。我国无论是VC/PE类资本，还是政府引导型基金和养老基金都还有做大做强的空间。

（二）耐心资本缺乏合理投资方向

一是从宏观层面来看，目前全球经济环境较差，导致符合耐心资本投资理念和要求的优质项目相对稀缺，造成国内长期资本资金投向领域较为单一，且缺乏合理投向。清科研究中心统计数据显示，当前国内耐心资本投向主要聚焦于芯片行业和半导体领域，其他科技创新和战略性新兴产业的长期资本投入不够。耐心资本投资领域的单一性可能导致长期资金未能充分利用，无法覆盖更多需要长期资本支持的前沿科技和创新领域。二是从微观层面来看，缺乏合理的投资对象。对于耐心资本而言，优秀的目标企业难以选择，大部分初创期科技企业和中小企业的规模较小、资产较轻、难以估值，且财务指标不理想，许多企业的债务负担较重，造成投资风险较大。耐心资本主要侧重于长期投资和价值投资，而不追求短期投机交易。然而，目前市场环境下能够满足这些条件的投资机会并不充分，导致耐心资本难以找到与其投资策略相匹配的项目。

（三）耐心资本管理机制滞后和退出机制不畅

一方面，耐心资本的管理体制相对滞后。一是从时间维度来看，如果管理体制未能有效适应长期投资的期限需求，那么在资金配置和风险控制等方面就可能表现出管理机制滞后。二是从功能维度来看，普惠金融下耐心资本的核心在于长期价值投资和促进企业成长，如果管理体制缺乏这些功能，无法对企业创新发展和技术进步进行有效评估与支持，可能表现出管理体制滞后。三是从体系维度来看，耐心资本的形成和壮大需要良好的生态体系，包括完善基础设施和政策制度支持，如果相关的法律法规、监管支持、税收环境等不完善，或者多层次资本市场建设落后，都可能导致耐心资本的管理体制滞后。

另一方面，耐心资本的退出机制不畅通。耐心资本的投资周期较长，可能不如短期投资的退出机制灵活，如IPO市场不活跃或者并购机会较少，需要有完善的退出机制来保障投资的流动性和收益的安全性，但是目前退出渠道不畅通可能限制了耐心资本的投放，长期资本无法顺利退出将会影响整体的资金配置效率和投资效果。

（四）耐心资本风险防控难度大

耐心资本作为一种长期价值投资，其投资风险的风控难度较大，主要面临以下几种风险类型。

第一，市场风险。耐心资本的长期投资特性，使得其更容易受到市场波动的影响，市场风险的不确定性可能导致耐心资本投资回报率低于预期。第二，流动性风险。耐心资本通常投资于中小企业和科创型企业，上述企业往往流动性相对较差、可抵押资产较少、难以有效估值，短期内难以变现，导致面临的流动性风险较高。第三，技术风险。耐心资本通常投资于高科技企业或创新型企业，这些企业面临的技术风险较大，技术不成熟或无法实现技术突破都可能导致耐心资本的投资失败。第四，管理风险。耐心资本开展长期投资和价值投资，往往需要面临更加复杂的管理环境和监督机制，管理团队的治理水平和资金管理稳定性都可能影响耐心资本投资收益。第五，宏观经济风险和政策风险。耐心资本的投资周期较长，在长周期过程中，不管是宏观经济的不稳定，如经济衰退或通货膨胀风险，还是政策变动对某些行业或部分企业施加重大影响，都可能导致耐心资本面临投资风险。

四、推动耐心资本更好支持普惠金融发展的对策建议

（一）多元化拓展耐心资本募资渠道

一是不断扩容政府引导型基金规模，鼓励各个地区在省、市级层面积极

组建规模化和集群化的产业投资基金,打造政府引导型基金的集群化发展模式,助力普惠金融赋能产业发展。同时,在规模化和集群化模式下,增强政府引导基金开展直接投资的意愿,提高投资决策和投资效率。此外,鼓励国有企业创业投资基金发行多元化债务融资工具,丰富普惠金融领域耐心资本的资金筹措能力。

二是要持续扩容我国保险资金规模。拓展国内保险深度、保险密度,做大做强养老基金和保险基金是壮大耐心资本的先决基础,将公共和私营的养老资金均扩充到长久期属性保险资金领域,引导保险资金和养老资金等长期资本开展创业投资,研究提高保险资金投资创业投资基金集中度比例上限,支持中小企业和科创企业发展。

三是要充分发挥金融资产管理和投资公司在股权投资、创业投资、经营管理和资产重组等方面的专业优势,加大信托、理财等资管公司在创业投资和中小企业投资领域的支持力度。根据《促进创业投资高质量发展的若干政策措施》,扩大金融资产投资公司直接股权投资试点范围。

四是鼓励各类金融机构增加耐心资本有效供给。在监管政策与风险可控的框架下,积极探索商业银行和保险机构资金,通过投贷联动渠道和直接投资方式进入普惠金融和创投领域的合作模式。如政策性银行不仅需要面对"两基一支"和农业农村等普惠金融领域加大耐心资本支持力度,而且也应当丰富和创新政策性金融工具,加大对科创企业等新兴领域资金支持,特别是仅仅依靠市场力量难以实现突破的重大创新和前沿技术领域,更需要积极探索政策性金融支持路径。

五是建立国际化的耐心资本开放生态。鼓励我国中小企业和科创企业"走出去",在加大力度吸引和利用外资的过程中,积极欢迎海外耐心资本和长期资本投资我国中小企业、科创企业和优质基础设施建设项目。

（二）引导耐心资本合理投资导向

从投资导向来看，应当充分发挥耐心资本投资侧重于长期投资和价值投资的优势，加强耐心资本与科创企业、中小企业和优质基础设施建设项目的直接关联，提高普惠金融领域的直接融资比重。

一是要积极鼓励政府引导型基金、国有企业创投基金、养老基金、保险基金等耐心资本"投早、投小、投长期、投硬科技"。二是耐心资本要与当前的京津冀协同发展、长江经济带发展、粤港澳大湾区发展、长三角一体化发展、黄河流域生态保护和高质量发展等区域重大战略相结合，持续优化新质生产力布局，构建优势互补的区域经济结构。三是耐心资本要努力提高中西部地区政府引导型基金的投资规模。目前，国内政府引导型基金主要出资地区仍然集中在珠三角和长三角等较发达地区，中西部地区的政府引导型基金投资规模仍相对较小。四是耐心资本不仅要关注省会和地市级一级，也要下沉到市区县一级和微观企业层面，努力提高政府引导基金的招商功能，带动区县级政府引导基金增加，持续朝着市场化定位转型。五是耐心资本投资的中小企业和科创项目，也需要进一步下沉到更早期阶段或者专业赛道，积极开拓商业模式挖掘潜在收益，提高投资回报率。

（三）完善耐心资本管理体制和退出机制

一是构建友好的政策支持体系。耐心资本在较长期限内与中小企业、科创企业和优质基建项目捆绑在一起，短期内无法退出，承担较高的投资风险。因此，应当加大对耐心资本的政策支持力度，努力打造友好型政策体系，构建更加完备的法律法规和生态环境，培育长期投资的资本市场生态，尽量维持支持政策的稳定性，完善适配长期投资的基础制度，通过高效的制度要素充分保障耐心资本和投资企业之间的利益，形成激励相容规则机制，提高耐心资本的抗政策风险能力，促进耐心资本长期壮大发展。

二是培育完善耐心资本的税收制度改革，开展相关产业领域的税率设计，如面向创投基金保持长期税率稳定，对长期投资持股给予一定税收优惠等。通过特殊的制度设计和税收减免安排，延长耐心资本匹配更加长期合理的价值投资期限，在风险可控的情况下提高耐心资本的合理投资回报率。

三是形成耐心资本的募集、投资、管理和退出的良性循环机制，积极充当资本市场稳定器作用。货币政策导向应当对耐心资本形成引导功能，创新多元化的结构性货币政策工具促进耐心资本市场发展。要优化风险投资基金和私募股权基金份额转让业务流程，完善并购贷款相关政策。一方面，针对政府引导型基金和国有企业创投基金，探索更加合理的全生命周期考核机制，不断优化各种退出机制和增信机制，形成更好的耐心资本市场正向反馈机制。另一方面，参照《促进创业投资高质量发展的若干政策措施》意见，围绕创业投资募资、投资、管理和退出等全链条的政策举措，其中包括引导保险资金等长期资金投资创业投资，扩大金融资产投资公司直接股权投资试点范围，以及动员有条件的社会资本成为耐心资本。

（四）提高耐心资本的风险防控能力

一是完善耐心资本的风险管理机制。针对耐心资本着眼于"投早、投小、投长期、投硬科技"的特征，以及其所面临的市场风险、流动性风险、技术风险、管理风险等风险挑战，充分探索保险与担保等信用服务创新模式，为耐心资本"踏实"支持中小企业和科创企业等普惠金融发展提供多元化风险分担机制；积极探索科创型企业风险补偿基金和担保基金等，努力构建"股权、贷款、债权、保险"联动的利益共享与风险分担体系；要求耐心资本投资团队进行全面尽职调查，采取多元化投资策略，以及进行有效的投资组合管理，密切关注市场动态和政策变化，以适时调整投资策略。

二是提升耐心资本的市场化管理水平。例如，政府引导型基金的运营管理体系要积极引入管理团队的竞争机制，提高专业化和管理能力，向市场化方向进一步发展。一方面，针对VC/PE类耐心资本，政策环境应当以宽松和鼓励为主，包括鼓励风险投资、私募股权投资和天使投资的上下游产业集聚发展，优化准入门槛，建立健全VC/PE类资本与中小科创企业之间的商事协调机制。另一方面，政府引导性资金和国有企业创投基金等耐心资本，其目标是通过政府资金的引导作用，吸引和激励社会资金投向特定领域或发展阶段的企业，以支持普惠金融目标。对此，要健全针对耐心资本特征的管理体制，构建尽职合规责任豁免机制，以及探索和实施与其他私募基金区别对待的差异化监管政策，以增加普惠金融效果。

三是发挥第三方协会的监督管理功能。基金业等第三方协会应当基于理论方法和标准规范维度，开展相关监督管理工作，包括开展基础研究，搭建可持续性的核心投资价值指标评价体系，完善ESG投资伦理与方法论，推动耐心资本投资普惠金融实践，引导基金行业提高投研能力建设和运作规范等。

第10章　耐心资本支持养老金融发展

徐瑞慧　赵大伟[①]

> **导读：**
>
> 随着我国人口老龄化进程加速，养老金融的重要性日益凸显。养老金融不仅是社会保障体系的核心组成部分，涉及养老金、养老服务及养老产业等金融活动，也与资本市场和金融政策密切相关。近年来，国家出台了一系列政策推动养老金融的发展，取得了积极成效。不过，随着人口老龄化加速，我国养老金融体系面临资金缺口大、金融产品创新不足等问题。与此同时，耐心资本关注长期收益，注重社会责任的投资理念，逐渐成为应对养老金融挑战的重要力量。本章将在厘清我国人口老龄化现状和趋势的基础上，分析我国养老金融的发展现状与面临的主要问题和挑战，进而厘清耐心资本与养老金融的关系，最后探讨如何发展耐心资本以助力养老金融持续健康发展。

一、养老金融的现状和挑战

（一）人口老龄化现状和趋势

近年来，我国人口老龄化进程明显加快。 2021年，我国60岁及以上人

---

① 徐瑞慧、赵大伟均为中国人民银行金融研究所副研究员。

口占总人口的18.9%，65岁及以上人口占14.2%，我国已从老龄化社会步入中度老龄化阶段。[①]截至2023年末，全国60岁及以上人口达到2.97亿人，占总人口的21.1%，其中65岁及以上人口为2.17亿，占15.4%。

未来老龄化进程将进一步加速。国家卫生健康委预测，至2035年，我国60岁及以上人口将突破4亿，占总人口的30%以上，进入重度老龄化阶段。预计至2050年，老年赡养比将超过50%，即每两名劳动年龄人口需供养一位老人（侯维栋，2024）。《联合国人口展望2024》（WPP 2024）数据显示，到2050年，我国60岁及以上人口比例将达到40.0%，15–59岁人口占50.1%，14岁以下人口占9.9%。

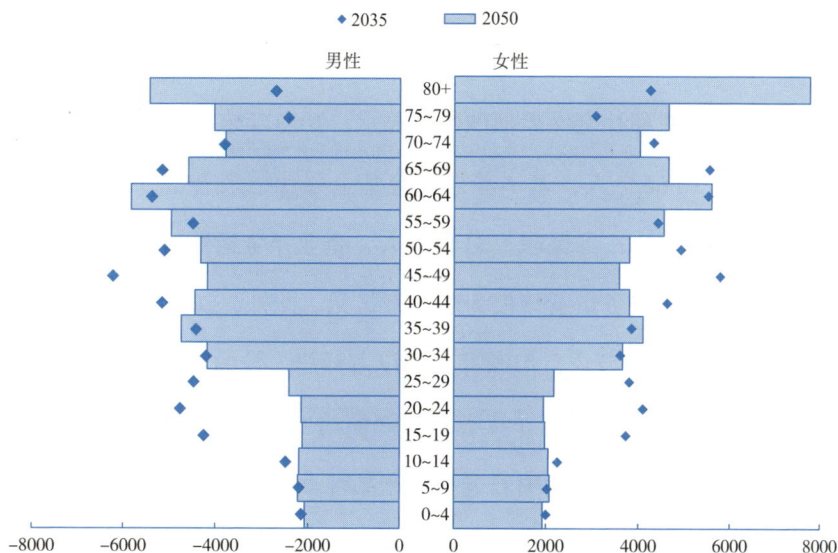

图10-1：2050年中国人口结构预测（单位：万人）

数据来源：WPP 2024

---

① 按照世界卫生组织（WHO）对老龄化社会的划分标准，60岁及以上人口达到总人口的10%，或者65岁及以上人口达到总人口的7%，即为人口轻度老龄化；当65岁及以上人口占比达到14%为中度老龄化，达到21%为重度老龄化。

（二）养老金融的定义和主要形式

养老金融涵盖一切为应对养老需求而展开的金融活动，主要包括三大领域：养老金金融、养老服务金融和养老产业金融。[①]养老金金融通过养老金制度和资产管理为老年生活提供经济保障；养老服务金融则侧重于满足老年人的保险保障、财富管理及生活需求；养老产业金融则通过投融资支持养老产业的发展。养老金融不仅是社会保障体系的重要组成部分，还涉及资本市场、保险、投资等领域的联动。

养老金金融方面，我国已初步建立了国际通行的三支柱养老金体系。第一支柱为政府主导的基本养老保险，由财政兜底；第二支柱为企业年金和职业年金，由雇主与员工共同缴纳；第三支柱为个人储蓄养老计划，个人可自愿参加。人力资源和社会保障部的数据显示，2023年末，全国基本养老保险参保人数超过10.66亿人，基本养老保险基金累计结余7.82万亿元；企业年金参保企业14.2万户，参保职工3144万人，企业年金运营规模达到3.19万亿元，职业年金基金投资运营规模为2.56万亿元。此外，2023年，个人养老金账户累计开立达5000万户，但缴存人数仅占开户人数的22%，人均缴存金额约2000元。换言之，2023年个人养老金规模约220亿元。

养老服务金融方面，我国养老金融产品种类日益丰富，但发展仍处于初级阶段。银行、保险、信托等行业借鉴国际经验，陆续推出长期护理保险、住房反向抵押贷款、养老目标基金和房地产信托投资基金（REITs）等产品。自2016年试点以来，长期护理保险快速普及，截至2023年末，49个试点城

---

① 董克用.中国养老金融发展报告.2023［M］.北京：社会科学文献出版社·皮书出版分社，2022.

张明，曹鹏举.中国养老金融：现状、问题与建议［J］.债券，2024（4）.

市参保人数超过1.8亿人。养老目标基金自2018年试点以来已推出300余只产品，累计发行规模超800亿元。不过，住房反向抵押贷款和REITs发展相对缓慢。总体来看，我国养老服务金融仍在探索中，未来发展潜力巨大。

养老产业金融方面，现阶段养老产业[①]主要聚焦于医疗服务市场、养老用品市场和养老地产，具有资金需求体量大、风险高、回报周期长的特点，相关金融支持主要来自政府，通过专项债、政策性贷款、投资基金和PPP等方式推进，社会资本的投入仍显不足。近年来，部分保险公司探索"投资+产品"模式，通过投资养老设施与保险产品相结合的方式，逐步布局养老产业。根据前瞻研究院测算，2022年我国养老产业市场规模已达9.4万亿元，预计2027年将突破20万亿元，市场增长潜力巨大。

（三）养老金融的政策框架和监管

近年来，政府不断完善养老金融政策框架。2016年，人民银行、民政部、银监会、证监会、保监会联合印发了《关于金融支持养老服务业加快发展的指导意见》，提出积极创新专业金融组织形式，创新金融产品和服务，促进养老服务业加快发展。2023年10月，中央金融工作会议将"养老金融"纳入金融"五篇大文章"之一，提升了其战略地位。2024年1月，《国务院办公厅关于发展银发经济增进老年人福祉的意见》发布，逐步完善养老金融的政策框架。2024年，国家金融监督管理总局发布《关于银行业保险业做好金融"五篇大文章"的指导意见》，针对养老金融，提出在风险有效隔离的基

---

① 国家统计局颁布的《养老产业统计分类（2020）》系统性地将养老产业分为了养老服务、养老产品和养老支持三个主要部分。养老服务包括生活照料、康复护理、心理支持和娱乐活动等，养老产品包括如助行器等生活辅助产品、健康监测产品和老年专用药品等，养老支持则包括养老金融、技能培训等。

础上，支持保险机构以适当方式参与养老服务体系建设。

养老金金融方面，政策注重完善制度。第一支柱养老金制度始于1991年《国务院关于企业职工养老保险制度改革的决定》和1997年《关于建立统一的企业职工基本养老保险制度的决定》。第二支柱中的企业年金制度始于2004年《企业年金试行办法》发布后，职业年金制度始于2014年国务院出台的《关于机关事业单位工作人员养老保险制度改革的决定》。第三支柱个人养老金制度的纲领性文件是2022年国务院发布的《关于推动个人养老金发展的意见》，明确提出国家将制定税收优惠政策。①

养老服务金融方面，政策注重扩大产品供给和创新、拓宽服务领域。2017年，国务院发布《关于加快发展商业养老保险的若干意见》，提出创新商业养老保险产品和服务。2020年，银保监会等部门发布《关于促进社会服务领域商业保险发展的意见》，提出扩大商业健康保险供给、加快发展商业长期护理保险、优化老年人住房反向抵押养老保险支持政策等意见。2024年，国家金融监督管理总局发布《关于大力发展商业保险年金有关事项的通知》，要求大力发展各类养老年金保险。

养老产业金融方面，政策注重释放市场潜力。政府出台了一系列政策措施推动养老产业发展，政策目标以引导资本进入养老产业为主，优惠政策涉及土地、税费等。2013年，国务院发布《关于加快养老服务业的若干意见》，提出完善投融资、土地供应、税费优惠、补贴支持等政策。2015年，民政部等十部委联合发布《关于鼓励民间资本参与养老服务业发展的实施意见》，支持民间资本参与养老产业发展。2016年，国务院发布《关于全面开放养老

---

① 2022年9月，国务院常务会议进一步明确了个人养老金的税收优惠政策，决定对政策支持、商业化运营的个人养老金实行个税优惠，缴费者每年可享受12000元的税前扣除，投资收益暂不征税，领取时实际税负从7.5%降至3%。

服务市场提升养老服务质量的若干意见》明确了重点任务分工及进度安排。2019年，国务院发布《关于推进养老服务发展的意见》，提出深化放管服改革、拓宽养老服务投融资渠道、扩大养老服务就业创业等举措，同年，自然资源部发布《关于加强规划和用地保障支持养老服务发展的指导意见》，提出多种有偿使用方式供应用地和地价优惠政策。2023年，国家标准化管理委员会、民政部、商务部联合印发《养老和家政服务标准化专项行动方案》，组织开展养老和家政服务标准化专项行动，提出要充分发挥标准化对养老和家政服务业的支撑引领作用，到2025年基本健全养老和家服务标准体系。

监管体系方面，我国养老金融的监管体系由多个部门共同负责，包括人力资源和社会保障部、国家金融监管总局、证监会、财政部和中国人民银行等。各部门分工协作，形成了综合监管机制，确保养老金融的规范化发展。人力资源和社会保障部负责基本养老保险的政策制定、资金筹集和管理，并监督地方政府的政策实施。国家金融监管总局负责监管商业银行、保险公司等金融机构在养老金融领域的业务，保障养老保险资金的安全性和流动性。证监会负责养老保险基金的市场投资监管，通过完善信息披露制度和加强投资者保护，确保基金投资合规透明。财政部负责制定相关税收优惠政策，并监督财政补贴的使用，确保政策实施到位。中国人民银行创设普惠养老专项再贷款，优化使用结构性货币政策工具，完善养老金融政策体系。

（四）养老金融的问题与挑战

1.养老金金融的主要问题与挑战

一是供需失衡与长期资本的缺乏。养老金金融体系中，供需失衡的问题突出。基本养老保险基金长期面临资金供给不足的问题，随着人口老龄化加速，未来养老金支付压力将持续增加。第二、第三支柱的发展滞后，也导致养老金融市场的整体资金来源渠道单一，无法有效分担基本养老保险的压力。

首先，养老金体系资金缺口扩大。根据《中国养老金精算报告2019—2050》预测，如果维持现有的政策架构，第一支柱（基本养老保险）将在2028年出现收不抵支的情况，并在2035年耗尽基金余额。这主要是由于人口老龄化加剧，劳动力数量减少，缴费基数与缴费人数双重萎缩，导致养老金收入不足、支出压力持续上升，加剧了资金缺口。此外，现有的养老金投资管理相对保守，长期回报率偏低，难以扩大资金池。

其次，企业年金与职业年金覆盖率低。第二支柱（企业年金与职业年金）参与度不高，特别是在中小企业及部分行业。提高企业年金和职业年金覆盖率面临着利益协调的挑战，尤其是在如何平衡企业成本与员工福利之间存在难题。此外，企业和员工的短期思维仍较为普遍，难以推动长期养老保障观念的深入。

最后，个人养老金发展滞后。第三支柱（个人养老金）的发展也相对滞后。尽管个人养老金制度已经初步建立，但个人养老账户的缴存额依然较低，开户人群虽达5000万人，但不足三成完成了账户缴费。居民对于养老金融产品的认知与信心不足，导致个人养老金参与率低、规模小，难以为养老金融体系提供有力的补充。

二是投资风险管理不足与效率不高。养老金的投资渠道依然较为有限，虽然政策逐步放宽了养老金进入资本市场的限制，但实际操作中投资的多元化不足，投资回报的增长乏力。[①]同时，部分地方养老基金的管理能力有限，

---

① 2015年《基本养老保险基金投资管理办法》出台后，养老金可进入资本市场投资。然而，出于安全性考量，各省自主运营的社保基金多存于银行或投资国债，收益较低，难以实现保值增值。

缺乏有效的风险控制机制，进一步降低了资金运作的效率。此外，随着人口结构变化和经济发展模式的转型，养老金投资收益率中枢或将下行[1]，进一步加大了投资回报增长的难度。

三是金融产品创新不足。养老金融产品种类单一，创新不足。保险、基金和储蓄类产品仍是市场的主流，缺少适应不同人群需求的多样化、灵活化产品。这与市场参与主体对养老金融的重视和理解不足有关，限制了产品开发的广度与深度。

2.养老服务金融的问题与挑战

一是产品创新和供给不足，未能满足老年人多样化的财富管理和保障需求。现有养老金融产品主要集中于传统的保险和储蓄型产品，难以满足不同年龄段、收入水平和风险偏好人群的多样化需求，市场发展受限。金融机构对养老服务金融领域的重视程度不足，缺乏专门的养老金融人才，限制了相关产品的创新，市场供给滞后。

二是居民的养老金融认知和行动能力有限。公众对养老金融产品的认知和参与度较低，养老规划和储备不足，制约市场的扩展。中国保险资产管理业协会发布的《中国养老财富储备调查报告（2024）》显示，受访者的养老财富储备意识和养老规划意识仍有提高空间，约55%的受访者有退休规划意识，30.8%实际付诸行动，6.8%有完整规划、目标和财富储备。此外，老年人在选择金融产品时信息不对称、风险识别不足，也不利于实现财富管理目标。

3.养老产业金融的问题与挑战

一是养老产业链条不完善，融资渠道狭窄。养老产业链尚不完整，尤其是养老地产和服务设施的基础建设尚未满足市场需求。资本市场对养老行业

---

① 侯维栋.养老金融的发展前景［J］.中国金融，2024（6）.

的参与度较低，融资结构单一。金融支持养老产业面临三个主要难点：承贷主体难以认定、资产抵押物不足以及金融产品创新不足。大多数养老机构因缺乏抵押物或未达到银行授信标准，难以获得贷款支持。

二是金融机构缺乏有效的风险评估机制，投入不足。养老产业投资周期长且风险较高，特别是在面对未来需求和政策变化时，投资者缺乏有效的风险评估工具。加之养老服务行业盈利模式不清晰、服务质量参差不齐，导致金融机构对其风险评估较高。金融机构风险管理机制不健全，在平衡长期投资与短期回报方面面临挑战。

二、耐心资本与养老金融的关系

（一）养老金融和耐心资本的异同

养老金融和耐心资本在投资理念上有许多相似之处。首先，二者都以长期稳定回报为目标。养老金融的核心是为老年群体提供长期财务保障，无论是养老金金融、养老服务金融，还是养老产业金融，都需经过较长时间的资金累积和保值增值。这与耐心资本的特性高度契合，耐心资本通常关注长期收益而非短期市场波动，具备为养老金融领域提供资金支持的适应性。**其次，二者都注重社会效益。**养老金融不仅关注经济回报，还致力于为老年群体提供服务，减轻社会养老负担，提升老年人的生活质量。耐心资本，尤其是基于ESG（环境、社会、公司治理）投资理念的投资，更加注重社会责任和可持续发展。这使得耐心资本在养老金融领域的投资中，可以兼顾经济回报与社会效益，契合养老金融的社会功能。

养老金融与耐心资本在资金来源和回报周期上存在明显差异。首先，养老金融的资金来源更加多样。养老金金融依赖于政府、企业和个人长期的缴费积累，养老服务金融则通过医疗保险、商业养老险等多渠道获得资金。而耐心资本主要来自机构投资者、主权财富基金及其他长线投资机构，资金来源相对集中，并通常具备较强的资本实力。**其次，二者的回报期也有所不同。**养老金金融的资金积累和分配周期通常与退休时间紧密相关，回报期较为固定，投资时长与资金需求的时间点明确。而耐心资本则在投资回报期上具有较高的灵活性，投资者可以根据项目标的和市场环境灵活调整回报周期，具备更大的弹性。

此外，养老金融和耐心资本存在交叉。例如，养老金金融具有显著的耐心资本特质。养老金金融本质上是为养老提供长期稳定资金支持的金融产品与服务，强调长期投资和稳定回报，与耐心资本的特性高度契合。

不过，将养老金金融用于支持养老产业的发展时，却不完全匹配。首先，养老金的投资需要在低风险环境中进行，以确保退休人员能够获得稳定的回报。而养老产业金融，尤其在早期发展阶段，可能面临较高的风险，且不具备足够的资金流动性来应对养老金支付需求。**其次，**养老金金融的收益预期相对保守，其投资目标是确保资金安全性和长期稳定性，而养老产业金融可能需要更高的收益预期和较长的回报周期。**最后，**流动性管理方面，养老金基金需要保持足够的流动性以应对短期支付需求，直接投资于流动性较低的长期项目，可能会对养老金基金的运作产生压力。

（二）养老金融发展有利于形成耐心资本

一是养老金的长期投资策略有助于实现资本的长期积累。养老金的主要特征之一是长期性，通过稳健的投资策略，养老金可以有效积累耐心资本。将养老金投资于股票、债券、基础设施、不动产等长期资产，不仅能够保持资金的稳定增值，还可以为市场提供持续的资本支持。陈文辉指出，养老金和长期寿险是当前积累长期资本的重要来源之一。然而，2022年人民币私募股权投资出资中，仅有8.3%来自养老金、社保基金和险资等长期资金。^①这表明，尽管养老金具备长期资本积累的潜力，但在实际投资中仍有较大的提升空间。

二是第三支柱养老金的发展有助于吸引个人长期储蓄进入资本市场。随着税收优惠等激励措施的推出，个人养老金制度的不断完善，将引导更多个人长期储蓄资金流入养老金融产品，扩大耐心资本的规模。创新型养老金融产品，如养老目标日期基金和养老目标风险基金，提供了灵活的投资方式，吸引了更多资金参与。这些资金的进入将有助于优化资本市场结构，促进长期资本的积累。

三是养老保险和养老基金可以直接投资于长期项目，支持实体经济发展，产生社会效益。具备耐心资本特质的养老资金，能够用于投资长期收益较高或具有重大社会效益的项目。例如，养老资金可用于基础设施建设、绿色低碳转型和科技创新等项目，这不仅为长期资本提供了合适的投资渠道，还通过长期资本的引导作用支持经济的高质量发展。

（三）耐心资本能够促进养老金融发展

1.耐心资本为养老金融提供长期资金供给

耐心资本的核心特征在于其长期投资理念，与养老金融的资金需求高度契合。养老产业往往需要大量的资金投入，且回报周期较长，例如医疗基础设施建设、养老院的开发与运营、智能养老技术等，这些领域非常适合耐心资本的介入。耐心资本注重长期投资和风险管理，能够为养老金融提供稳定

---

① 陈文辉：养老金的积累将助力形成长期耐心资本［EB/OL］.［2023-11-08］. http://www.huihe1899.com/ccissr/docs/20231108152545902821.pdf.

的资金支持。

国际上，主权财富基金和保险资金等都是典型的耐心资本来源。以新加坡政府投资公司（GIC）为例。GIC是全球知名的主权财富基金，其总体投资策略是注重长期资本保值增值，以全球多元化资产配置为核心。GIC的投资组合广泛分布于股票、债券、房地产、基础设施以及私募股权等多种资产类别。对养老相关领域的支持方面，GIC通过对全球养老社区、医疗设施及相关养老产业的投资，支持养老设施完善、养老服务的提升，为新加坡及全球范围内的养老产业提供了资金支持。

近年来，我国政府鼓励保险业投资养老产业，为"保险＋养老"①商业模式的推广提供了良好环境。养老社区前期投入大、后期回报稳定，与寿险资金的长久期特性契合。布局养老社区的保险公司多采用"保险产品＋养老社区"模式，客户购买保险后可获得入住资格和优先权，主要产品包括年金险和增额终身寿险。资料显示，截至2024年7月，已有13家保险公司投资了70多个养老社区项目。

2.耐心资本能够平衡养老金融投资中的不确定性和回报需求

养老产业项目通常具有高资本投入和长回收周期的特点，初期面临较高的风险和不确定性。在一级市场上，耐心资本的长期特性有助于缓解资金流动性风险，支持养老服务机构应对短期市场波动，保障项目运营的可持续性，进而推动养老产业项目的长期发展，实现稳定收益。在二级市场上，耐心资本由于不急于追求短期回报，投资决策更加审慎，能够在市场动荡时保持稳定，从而降低养老金融的市场波动风险。

---

① 2023年1月，原银保监会发布《关于规范保险公司销售保险产品对接养老社区服务业务有关事项的通知（征求意见稿）》，对保险公司开展"保险＋养老社区业务"提出门槛要求，包括净资产不低于50亿元、连续四个季度综合偿付充足率不低于120%等。

以挪威政府养老基金全球（GPFG）为例，该基金被视为全球最大的主权财富基金之一，具有典型的耐心资本特质。GPFG的投资覆盖股票、债券、房地产和可再生能源等领域，其管理规模在2023年已超过1.4万亿美元。在全球金融危机期间，尽管股市大幅波动，GPFG通过稳定的投资策略，将资金分配到更加稳健的资产中，从而有效降低了投资组合的风险，并在市场复苏后迅速恢复。为响应老龄化社会的需求，GPFG支持养老相关企业，不仅产生了可观回报，还提升了养老服务的质量和可持续性。GPFG的长期稳定增长为挪威的养老金融体系提供了持续支持。

3.耐心资本的社会责任投资促进养老金融的可持续发展

耐心资本的投资策略强调社会责任，符合ESG（环境、社会、公司治理）投资理念，与养老服务的社会效益目标高度契合，能够促进相关企业和机构的可持续发展，最大化养老金融系统的社会效益。通过ESG投资，养老金能够规避部分潜在的环境、社会和治理风险，从而确保财务回报的同时履行社会责任。

近年来，国内养老金的ESG投资逐步起步，政策支持和市场环境逐渐完善。2016年，中国人民银行等七部委联合发布的《构建绿色金融体系的指导意见》，鼓励养老金参与绿色投资。2018年，中国证监会发布了《上市公司治理准则》，推动建立我国ESG信息披露的基本框架。同年，中国证券投资基金业协会发布《中国上市公司ESG评价体系研究报告》，细化了上市公司ESG建设的框架。2019年，证监会推出《科创板并试点注册制的实施意见》，明确要求科创板上市公司在年度报告中披露履行社会责任的相关信息。这些政策的出台为养老基金等长期资金ESG投资创造了制度保障。国内已有多家机构推出ESG指数和相关理财产品，为养老金提供了更多可选择的投资标的。

不过，我国的养老金ESG投资仍面临一些挑战。首先，现有的ESG投资策略较为单一，主要集中在偏股型基金，缺乏多样化的产品和工具。其次，ESG投资市场规模较小，可供养老金选择的投资标的有限。此外，信息披露体系尚不完善，缺乏统一的ESG信息披露标准，使养老金在投资决策中难以获得充分的有效信息。

相比国际市场，如欧盟和日本，养老金投资中已普遍纳入了ESG因素，并在政策和法规的推动下建立了完善的ESG治理和信息披露体系。欧洲在政策驱动下成为养老金ESG投资的先行者。2016年，欧洲保险和职业养老金管理局通过了IORPII指令，要求欧盟成员国允许私人养老计划将ESG因素纳入投资管理决策，并披露相关信息。美国劳工部员工福利安全管理局分别于2016年和2018年发布了《解释公告IB2016-01》和《实操辅助公告No.2018-01》，明确要求资产管理者在投资政策声明中披露ESG信息。加州政府要求加州公务员退休基金（CalPERS）和加州教师退休基金（CalSTRS）不得投资于动力煤相关业务占企业营收比重超过50%的企业。这些政策举措有效推动了养老金全流程践行ESG原则，促进了养老金融的可持续发展。

三、推动耐心资本与养老金融的深度融合，破解关键问题与挑战

（一）优化制度环境，夯实耐心资本支持养老金融的制度基础

一是完善三支柱养老金体系，增强市场吸引力。持续完善三支柱养老金体系，尤其扩大第二、第三支柱的覆盖面。加强养老金管理的透明性。二是构建长周期投资机制。鼓励金融机构增加长期投资比例，建立长周期投资评价体系，提升信息透明度，强化对长期投资业绩的评估，确保耐心资本更有

效服务于养老产业。三是健全养老金融法律体系。加快完善立法，强化监管并推动跨部门协作，形成多层次的监管机制，以降低市场风险，保障长期投入的稳定回报。

（二）加强市场引导，释放耐心资本的金融创新潜力

一是推动养老金融产品创新。在推动养老金金融、养老服务金融和养老产业金融发展方面，金融产品的创新至关重要。养老金融的复杂性和长期性要求资本市场为其提供多样化的投资工具。推动创新型养老金金融产品的开发，支持长期储蓄型保险、目标日期基金等产品创新。通过简化审批流程，鼓励市场主体自主创新，满足不同群体的养老需求。

二是提升资本市场对耐心资本的吸引力。通过优化长期信息披露制度、降低短期交易成本等措施，增强耐心资本在资本市场的投资回报预期。

三是促进养老产业金融工具创新。结合我国国情，开发适合养老产业长期融资工具，为养老产业的长期可持续发展提供保障。

（三）推动养老服务金融与耐心资本的深度结合

一是构建多层次养老金融支持体系。支持耐心资本进入养老金融领域，降低养老服务企业融资成本。推动政策性和商业金融机构协同合作，扩大耐心资本在养老金融中的应用。二是加强风险管理。针对养老产业的高风险和高资本投入特性，建立养老金融风险缓释机制，吸引耐心资本参与长期投资，推动养老金融的稳健发展。

（四）强化财政支持和财金协同，引导耐心资本对养老金融的持续供给

一是加大财政引导，推动耐心资本长期布局。通过财税政策工具，吸引

耐心资本进入和长期布局养老金融领域。通过税收优惠、财政补贴等政策手段，对养老服务需求方提供适当的支持，形成供需正反馈，推动养老金融市场的扩大和资本的长期流动性，促进耐心资本的良性循环。二是协同财政与金融政策。财政政策和金融政策的协同效应也是促进耐心资本在养老金融中发挥作用的关键。推动养老产业与金融市场的对接，畅通耐心资本退出路径，提升耐心资本的流动性与回报率。

（五）完善信息基础设施建设，提升耐心资本投资养老金融的效率

一是健全养老金融信息披露体系。养老金融的发展需要透明的信息披露体系，以确保资本能够准确评估风险和收益。建立标准化的养老金融信息披露体系，确保投资者和监管机构充分掌握资金运作情况，促进耐心资本改善投资效率与风险控制。二是推动金融科技在养老金融中的应用。利用大数据和人工智能优化养老金融产品的精准化管理与定价，通过科技手段提升养老金融资金的长期配置效率和回报水平，助力耐心资本能够更好地配置到符合长期需求的养老项目中。

第11章　耐心资本支持数字金融发展

陈璐　王小彩[①]

■·导读:

　　数字金融依托数字技术和数据要素，通过金融机构数字化转型、新兴业态发展、产品和服务创新、数字化平台构建等方式，助力耐心资本形成。同时，耐心资本也通过推动数字金融基础设施建设、支持新兴数字金融技术研发和应用、促进数字金融创新企业成长等方式，助力数字金融发展。在数字金融与耐心资本深度融合的过程中，面临高质量数据积累不够、长期投资理念培养较难、跨学科复合背景人才短缺、数字金融监管滞后与不确定性等挑战。建议加快数据要素市场发展，创新金融产品和服务模式，培养复合知识背景人才，完善数字金融治理体系，为数字金融和耐心资本发展提供高质量的数据资源、多元的可行模式、充足的人才保障和良好的监管环境。

一、数字金融发展概况

（一）数字金融的内涵

　　与科技金融、普惠金融、绿色金融和养老金融特指某一领域的金融业务

---

①　陈璐，华夏银行研究院院长。

　　王小彩，华夏银行博士后科研工作站、清华大学经济管理学院博士后科研流动站博士后。

不同，数字金融强调与数字经济相匹配的金融形态和金融业态，体现在数字技术和数据要素关键驱动之下所带来的金融服务实体经济效率的提升。具体包括。

一是金融机构数字化转型。围绕战略、组织、技术、应用、数据、生态六大方向，强调"战略规划—组织变革和人才培养—数字技术创新—应用升级—数据完善—服务生态优化"全面进阶，系统推进金融机构数字化转型。

二是新兴金融科技公司。新兴金融科技公司提供的创新服务包括但不限于移动支付、在线借贷、在线银行、众筹平台、个人财务管理工具、智能投顾、区块链技术、供应链金融、数字保险等。

三是数字金融发展基础。围绕支付、数据、新兴基础设施，为数字金融发展提供高效安全的支付环境、共享流通的数据要素、精准高效的算力支持等。

四是金融监管和治理数字化。金融监管机构利用数字技术对金融市场、金融机构和金融业务进行全面、实时、动态的监管，将传统的人工监管模式转变为数据驱动的智能监管模式，以提高监管的效率、精准性和前瞻性。

（二）我国数字金融发展历程

数字金融代表了以数字技术为代表的科技赋能金融业务创新发展，一般认为经历了金融电子化、互联网金融、金融科技等阶段。我国数字金融的发展最早可追溯到20世纪70年代计算机和网络技术在金融领域的应用，代表产品有电子支付和清算系统、ATM和POS设备、电话银行和网上银行等。21世纪初，伴随着互联网大规模扩张，一些科技公司利用网络技术汇集海量用户和信息，通过互联网实现信息共享和业务融合，其中P2P网络借贷最具代表性。2013年之后，数据生产要素价值凸显，平台型科技企业跨界金融业，提供支付清算、财富管理等金融服务，传统金融机构也愈加重视新兴技术的研发与应用，将金融科技作为全行重点发展的战略之一，不断推动数字化转型升级。

目前我国数字金融发展处于全球领先地位，且正处于高速增长阶段。根据公开资料，截至2023年，我国数字金融市场规模达到41.7万亿元人民币，占全球数字金融市场规模的15.6%，位居全球第一。数字金融用户规模达9.6亿人，占总人口的68.6%，庞大的用户基础为数字金融的持续发展提供了广阔空间。

（三）我国数字金融的政策框架和监管

在互联网金融、金融科技等相关政策的基础上，我国数字金融政策正在不断完善。继《关于促进互联网金融健康发展的指导意见》《金融科技发展规划（2022—2025年）》《关于银行业保险业数字化转型的指导意见》等政策之后，2024年11月人民银行、国家金融监管总局等七部门联合印发《推动数字金融高质量发展行动方案》，明确了数字金融的发展方向与要求，成为今后一段时间我国数字金融发展的具体行动纲领。

我国在鼓励数字金融创新发展的同时，强调功能监管和穿透式监管，加强数字金融业务监管，强化数字金融风险防范。一是市场准入管理，严格把控数字金融机构和业务的准入门槛，对机构的资质条件、技术能力、风险防控等方面进行严格审核。二是规范业务创新，要求金融机构在开展创新业务前进行充分的风险评估和合规论证，确保创新业务在合法合规框架内进行，防止出现无序创新带来的风险积累。三是强化数据安全与隐私保护，要求金融机构加强对客户数据的加密、存储、传输和使用等环节的保护，明确数据的收集、使用和共享规则，防止数据泄露、滥用等问题，切实保障客户的合法权益。四是监管部门自身积极运用科技手段提升监管效能，如开发数字化监管平台，利用大数据分析、人工智能等技术对金融数据进行实时监测和分析，实现风险的智能预警和精准识别，提高监管的及时性和准确性。五是加强国际合作，积极参与国际货币基金组织、国际清算银行、金融稳定理事会、国际证监会组织等国际机构组织的数字金融监管国际合作，借鉴国际先进经验，推动国内数字金融监管标准与国际接轨，提升我国在数字金融监管领域的国际话语权和影响力。

二、数字金融与耐心资本的关系

（一）数字金融助力耐心资本形成

数字金融利用大数据、人工智能等数字技术，能够提高信息透明度与降低信息不对称，提升金融服务效率和风险管控能力，优化资源配置支持创新企业发展，助力耐心资本形成。由于数字金融内涵广泛，本部分从传统金融机构数字化转型、新兴数字金融业态、数字金融产品和服务创新、数字金融平台构建等角度，分析数字金融对耐心资本规模、耐心资本期限结构、数据要素等耐心资本所需生态环境等方面的影响。

1.传统金融机构数字化转型，提高对实体经济的中长期服务能力

近年来，在金融监管机构鼓励和支持下，商业银行、保险公司等传统金融机构积极推进数字化转型，利用数字技术提高内部经营管理水平的同时，长期服务实体经济的能力也得到了提升。

数字技术助推商业银行中长期贷款规模逐步提升。国务院办公厅、中国人民银行、国家金融监督管理总局等监管机构曾强调"引导商业银行扩大中

长期贷款投放，提升制造业中长期贷款占比"[1]。在监管政策引导、净息差承压等多重背景下，商业银行持续优化对公信贷结构，通过大数据、区块链、隐私计算等数字技术加强对企业信用信息的采集、挖掘、整合和运用，完善企业信用评价指标体系，建立一套动态识别科技型企业、普惠型企业、制造业企业等领域的信用风险状况的模型算法，将服务范围拓展至更广客群、更长期限、更低利率，有助于提高商业银行中长期贷款规模。从实践效果来看，金融机构中长期贷款余额持续稳步增长（见图11-1），中长期公司类贷款占比持续提升。

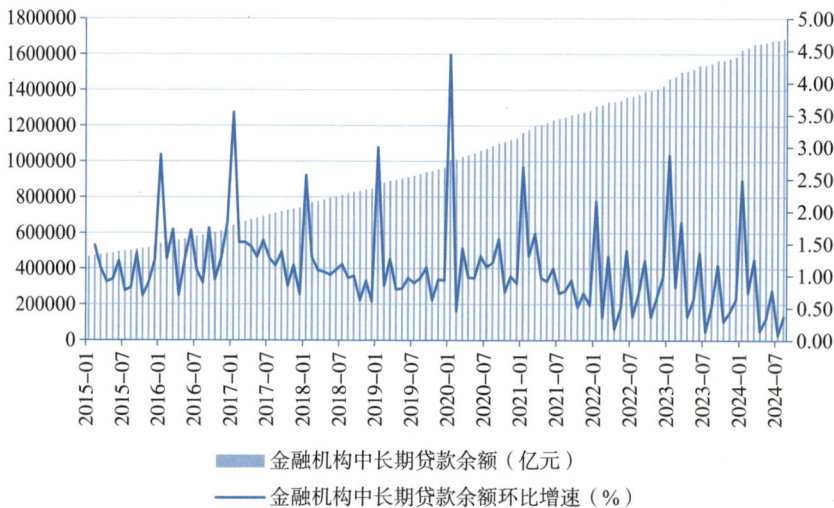

图11-1　2015—2024年金融机构中长期贷款余额及环比增速

数字技术助力保险公司保持长期投资优势。保险资金具有规模大、期限长、跨周期、追求价值投资等优势，是资本市场稀缺的长期资金和耐心资本。在数字经济背景下，保险公司通过数字技术加大底层资产挖掘力度和创

---

[1]　资料来源：国务院办公厅《第十次全国深化"放管服"改革电视电话会议重点任务分工方案》；中国人民银行《2022年第三季度中国货币政策执行报告》；国家金融监督管理总局、工业和信息化部、国家发展改革委发布《关于深化制造业金融服务　助力推进新型工业化的通知》。

新投资方式，提升内部风险管理和投资管理水平，优化投资策略和投资组合管理，通过拉长投资期限提升投资组合整体投资收益，创新布局战略性新兴产业、创业投资等需要长期资金的领域。截至2024年二季度末，我国保险公司资金运用余额达到30.87万亿元。值得注意的是，人身险公司的资金运用余额占据了27.71万亿元，这些资金大多来自长期业务，反映了人身险公司的业务特点及在长期资金管理和运用上的专业性。

数字技术助力创业投资机构筛选长期优质企业。耐心资本的主要表现形式之一就是风险投资与创业投资。对此，为更好促进创业投资基金发展，除了完善容错和免责机制以外，利用数字化手段完善投资评估体系，提高筛选长期优质企业能力也至关重要。创业投资机构借助人工智能、大数据等技术，在投资决策过程中减少信息不对称问题，准确评估长期投资的潜力和回报，从众多企业中快速识别符合投资策略的目标企业，有助于扩大耐心资本规模，提高创业投资基金的回报率。

2.新兴数字金融业态服务期限逐步延长

数字金融正充分利用信息技术、大数据等先进工具，对传统金融服务模式进行深刻变革，涌现出一批新兴数字金融业态，且其服务期限逐步延长。

互联网银行信贷产品期限不断丰富。互联网银行在发展初期，由于风险控制技术的限制，业务主要是小额信贷等短期金融服务。随着技术的不断成熟和进步，为了更好服务实体经济的发展，一些互联网银行开始从原有的短期消费贷款业务中分流出来，积极探索和推出更多元化、期限更丰富的信贷产品。近年来微众银行、网商银行在短期消费贷款的基础上，将服务范围拓展至小微企业、个体工商户等群体，信贷产品的种类更加丰富，期限最高延长至36个月。

数字人民币应用场景从消费端向产业端延伸。数字人民币是未来中国数字金融的关键工具和重要手段。目前数字人民币初步形成了"中央银行＋运营机构"的双层运营架构，各项制度不断完善，试点场景从此前的批发零售、餐饮文旅、交通出行等消费端场景，逐渐向产业端供应链金融、票据、私募债券等场景延伸，功能也从短期支付功能衍生到长期投融资、理财等，有助于提升支付结算和融资效率，助力化解中小微企业融资难、融资贵难题。如中国邮政储蓄银行推出"绿色票据＋数字人民币"创新贴现产品"绿色 G 贴"，简化了融资结算流程，实现贴现资金可追溯，提升绿色产业客群票据业务智能化服务水平。

互联网保险进一步规范，推动长期保险业务发展。自 2013 年国内首家互联网保险公司成立以来，互联网保险业务快速发展，2013—2022 年我国互联网人身险保费复合增速 55.22%，推动了保险市场的发展壮大。2024 年 8 月，国家金融监局财险司发布《关于进一步规范互联网保险业务有关事项的提示函》，再度强化互联网保险业务持牌经营原则，有利于推动长期互联网保险业务的健康发展。目前互联网保险平台的参与者从中小型寿险公司逐步拓展至大型寿险公司，长期寿险产品也在逐步推出，在降低用户了解和选择保险产品专业门槛的同时，也将长期保险产品推广至更多金融消费者。在《健康保险管理办法》《关于长期医疗保险产品费率调整有关问题的通知》等政策支持下，各大保险公司推出自己的长期医疗险且上架自营平台。

3. 数字金融产品和服务创新，更好服务中长期金融需求目标

金融业作为数据密集型行业，数字金融的本质在于构建以数据要素为驱动的新型服务模式和商业模式。金融端与产业端长期存在信息不对称，导致金融机构难以充分识别科技型企业、普惠型企业等企业的信用风险状况。数字金融通过创新金融产品和服务，打破信息壁垒，有助于更好服务中长期金融服务需求。

一是围绕数据要素、数字技术和产业生态，构建产业数字金融模式，更好满足产业端短中长期金融需求。"十四五"规划明确将"产业数字化"作为打造数字经济新优势、壮大经济发展新引擎的重要内容。为适应产业数字化转型趋势，金融机构纷纷开展基于数字资产和数字化技术的金融创新，通过积累数据资产、挖掘数据要素价值、提高数据应用能力等方式，创新业务模式和风控机制，产业数字金融应运而生。产业数字金融依托产业生态，以产业生态协作体系中的商贸流、物流、服务流、信息流、资金流等数字信息为基础，运用现代数字科学技术充分释放产业链效能，为产业生态提供包括信贷融资、财富管理、支付结算、国际贸易、金融市场等在内的综合数字化金融服务，能够更好满足产业端各类金融需求。

二是基于企业拥有的数据资产，推出数据资产融资产品，更好满足成长型科技企业融资需求。数据资产融资产品包括数据资产质押融资、数据资产股权融资、数据资产证券化、数据资产收益权转让等类型，其中数据资产质押融资最为成熟，企业将自身的数据资产作为抵押物，向金融机构或其他投资者获取融资。

信贷市场中，商业银行基于企业拥有的数据资产，探索数据质押融资贷款和无质押数据资产增信贷款。根据公开资料，光大银行、北京银行、苏州银行等商业银行均开展了数据资产金融创新实践，打通了数据由要素到资产再到产融创新的可行路径，而且实现授信还款、交易履约与合规评估等多主体业务协同完善数据商信用管理，推动数据要素市场生态体系建设、数据资产创新与中小微企业融资等多个领域的快速发展。债券市场中，企业基于数据知识产权在公开市场中发行票据获得融资，如杭州高新区（滨江）数据知识产权定向资产支持票据（ABN），为全国首单包含数据知识产权的证券化产品。

4.构建各类数字化平台，引导金融资源与长期社会需求有效对接

金融机构、政府部门、科技型公司、产业端企业等各类机构，构建数字化平台，通过物联网、云计算、大数据等技术，能够提供高效、便捷的线上化、数字化、智能化金融服务。尤其是一些非金融类的数字化平台在实现业务流程优化和资源高效利用的同时，通过嵌入金融产品和服务，引导金融资源与长期社会需求有效对接。

政府部门搭建数字政务平台或数据共享平台，整合多元数据，嵌入金融服务和产品，提高金融服务的便利度。 当前，加强数字政府建设已成为适应新一轮科技革命和产业变革趋势、引领驱动数字经济发展和数字社会建设、营造良好数字生态、加快数字化发展的必然要求。政府部门通过搭建数字政务平台，不仅提升了政府服务的透明度和效率，也通过嵌入金融服务和产品，提供支付结算、申请贷款、查询金融政策、投资理财等一站式服务，满足广大人民群众日益多样化和便捷化的金融服务需求。

金融机构搭建数字金融平台，降低服务门槛，为客户提供一站式服务。 金融机构搭建数字金融平台，一是推动金融服务的线上化，整合内部金融和非金融产品服务，并引入第三方产品和服务，打通线上线下一体化协同，构建客户综合服务生态圈。二是依托平台引入并整合内外部多维数据，建立健全客户信用评价体系，降低信息不对称问题，提高金融服务的普及率和效率。三是基于平台深入场景生态，降低金融服务成本与门槛，简化业务流程和资金融通链条，提高支付效率，降低交易成本。四是通过技术创新，如大数据、云计算、人工智能等，提高金融服务的安全性和稳定性，保障客户资金和信息的安全。

产业企业搭建供应链平台，引入金融机构提供数字化供应链金融服务。 随着全球化和数字化趋势的不断发展，供应链管理已经成为企业核心竞争力

的重要组成部分。为了更好地整合资源和提高效率，越来越多的产业企业开始搭建自己的供应链平台，连接供应商、生产商、分销商和最终用户，通过信息技术手段实现各环节的无缝对接；在此基础上，引入第三方金融机构，利用供应链平台上的数据和信息，为企业提供更加精准的信用评估和风险控制服务，提高产业端企业的融资效率并降低融资成本，并增强供应链稳定性。

（二）耐心资本推动数字金融发展

一是耐心资本推动数字金融基础设施建设。5G网络、数据中心、云计算等数字金融基础设施所需投资大、时间长，前期需要大量的资金用于技术研发、硬件设施购买等，后期需要持续投入用于软件系统的开发和维护。耐心资本的介入有助于更多社会资本投入数字金融基础设施建设领域。

二是耐心资本支持新兴数字金融技术的研发和应用。技术研发具有复杂度高、周期长、不确定性大的特点，需要持续的资金支持。耐心资本能够在较长时间内提供资金，确保研发项目不会因资金短缺而中断。

三是耐心资本促进数字金融创新企业成长。许多数字金融创新企业在发展初期需要大量的耐心资本来支持研发、市场拓展等活动。耐心资本的注入有利于促进数字金融企业成长，为数字金融领域带来新的技术和业务模式。

三、数字金融与耐心资本深度融合面临的挑战

数字金融自身发展面临技术依赖与技术故障、网络安全、数字基础设施差距大、监管滞后性等挑战。在与耐心资本融合过程中，上述挑战依然存在，且高质量数据积累不够、长期投资理念培养较难、跨学科复合背景人才

短缺、监管滞后与不确定性等问题进一步凸显。

（一）高质量数据积累不够，难以对企业或项目的长期投资价值进行准确评估

数字金融环境下，数据量呈爆炸式增长，但目前传统金融机构积累的高质量数据普遍不够，加之模型算法具有不确定性，难以对科创等企业的真正风险和投资价值进行准确评估。一是数据质量参差不齐，部分数据可能存在错误、缺失或过时等情况，影响数据分析和决策的准确性。一些企业为了获取资金，可能会提供虚假财务数据或夸大业务前景。二是由于数据所有权和隐私权保护问题，不同机构之间的数据壁垒仍然存在，数据共享和流通受到限制。三是部分金融机构内部数据治理体系不健全，数据尚未有效整合，导致数据价值尚未充分挖掘。

（二）传统考核机制和盈利模式下，金融机构长期投资理念培养较难

传统金融机构的考核机制往往侧重于季度或年度等短期业绩，导致决策者倾向于追求短期收益，以满足市场和管理层的即时业绩要求。商业银行的主要盈利来源是利差收入，更关注贷款的短期回收和利息的及时获取，对于企业的长期发展和长期价值创造关注较少。基金公司根据旗下基金的短期业绩进行排名，导致基金经理为了追求排名靠前而频繁调整投资组合；高频交易和算法交易的兴起使得市场更加注重短期价格波动，而非长期价值发现。

（三）跨学科复合背景人才短缺，导致长期高质量投资专业性不足

数字金融是一个跨学科领域，需要既懂金融又懂技术的复合型人才；长期耐心投资对专业知识融合的要求高，需要金融、产业、技术等具有综合知

识背景的人才。因此，利用数字金融助力耐心资本发展，要求从业人员既能把握具体行业的技术细节和发展前景，也具备金融投资的专业知识和经验，同时具备数字技术敏感性和应用能力，才能充分和高效地挖掘长期有投资价值的企业。但是目前我国高校跨学科课程体系不够完善，实践教学薄弱，金融行业壁垒较高导致人才流动面临较大困难，跨学科复合背景人才整体处于短缺状态，金融机构和金融科技企业长期投资专业性不足。

（四）数字金融监管滞后与不确定性，导致耐心资本投资较为谨慎

数字金融创新速度快，新的金融产品和服务模式不断出现，而监管政策往往需要一定时间来适应和完善。如在数字货币投资领域，早期由于监管政策不明确，一些非法的数字货币交易活动猖獗，扰乱了金融秩序。当监管政策出台后，又可能因为过于严格或缺乏灵活性，抑制了一些合法的数字金融创新，影响耐心资本对相关领域的投入。又比如，在跨境股权众筹或跨境投资基金等业务中，各国对投资者资格、资金流转、信息披露等方面的规定各不相同，使得监管难以统一协调，增加了投资者的风险感知，不利于耐心资本的跨境形成。

四、数字金融与耐心资本深度融合的对策建议

（一）加快数据要素市场发展，为数字金融和耐心资本发展提供高质量的数据资源

一是完善数据基础制度。明确数据的产权归属，探索数据产权结构性分置制度；由市场决定数据要素的价值贡献并确定价格，鼓励市场主体探索更灵活的数据交易模式；完善数据要素收益分配制度，保障数据要素所有者和

处理者凭借要素或劳动参与收益分配的权利，激发其生产和供给的积极性。

二是促进公共数据资源开发利用。在保护个人隐私和确保公共安全的前提下，按照"原始数据不出域、数据可用不可见"的要求，以模型、核验等形式提供公共数据产品和服务，深入挖掘公共数据的通用价值，促进跨领域、跨场景、跨主体的公共数据融合应用和价值创新。

三是提升金融机构内部数据资源管理水平。建立健全数据治理架构，制定数据战略规划，建立数据质量管理机制，通过建立数据仓库、数据湖等技术手段加强数据整合与共享。培养数据分析人才，通过内部培训、外部学习、人才引进等方式，打造一支具备数据分析、数据挖掘、数据建模等能力的专业团队。

（二）创新金融产品和服务，为数字金融和耐心资本发展提供多元的可行模式

一是推出适合长期投资的数字金融产品，丰富投资者的产品选择。利用智能合约、区块链、大数据等技术，创新推出数字化长期国债、数字化养老金融、数字化私募股权投资、长期限理财等产品，引导投资者树立长期投资理念，将资金投入更具潜力的长期项目中，为耐心资本的形成提供资金来源。

二是大力发展产业数字金融服务模式，提高产业端长期服务能力。积极与各产业核心企业建立紧密的联盟关系，促进产业上下游企业之间以及企业与金融机构之间的数据共享，深入了解产业的供应链结构、生产流程和销售模式等关键信息，对企业长期风险和投资价值进行准确评估，并为企业提供数字化转型所需的资金、技术和服务支持。

三是强化数字技术的应用，提高创新业务的风险管理能力。运用数字技

术优化风险管理系统，实现风险智能预警和动态捕捉，推动风控从"人防"向"技防""智控"转变。加强技术风险管理，多维度开展新技术应用适配测试与安全评估，强化技术风险管理，保障业务连续稳定运行。

（三）培养复合知识背景人才，为数字金融和耐心资本发展提供充足的人才保障

一是优化高等院校培养体系，加大复合型人才的供给。在高等教育阶段，打破传统学科界限，设立跨学科专业或双学位课程，打破传统学科之间的壁垒；加强与金融机构、科技企业、产业企业的合作，通过建立校外实践基地、参与联合科研项目等方式，提高学生对不同领域知识的掌握能力。

二是完善金融机构内部培养体系，提高外部引入质量。明确人才培养路径，实施轮岗制度和人员派驻制度，完善评价机制和考核激励机制；拓宽人才引进渠道，重视具有产业实践背景人才的引入，加强各领域人才的开放流动和各层次人才的开放协同。

三是建立常态化交流机制，强化员工的专业知识水平。借助行业协会、产业联盟等组织，或牵头成立产业类联盟、科技类联盟、同业类联盟等，强化人员之间的合作交流，提高金融从业人员对产业端、科技端等领域的认知水平，提高专业能力。

（四）完善数字金融治理体系，为数字金融和耐心资本发展创造良好的监管环境

一是健全法律法规与监管政策，提高监管政策的适应性。制定和完善数字金融相关的法律法规和监管政策，明确数字金融业务的准入门槛、运营规范和风险防控要求。加强对数字金融市场的监测和预警，及时发现和处置

潜在风险，保护投资者合法权益，为耐心资本的形成提供稳定、健康的市场环境。

二是完善跨部门协同监管机制，设立跨部门监管联席会议制度。数字金融涉及多个领域，需要建立由央行、国家金融监督管理总局、证监会、工信部等多部门参与的协同监管机制。各部门之间要加强信息共享和沟通协调，形成监管合力。设立跨部门监管联席会议制度，定期召开会议，共同商讨数字金融领域的重大监管问题。针对数字金融产品跨市场、跨行业的特点，联席会议可以协调不同监管部门的政策，避免监管空白和重复监管，确保监管的一致性和有效性。

三是完善行业协会监督检查机制，加强行业协会自律管理。通过制定会员行为准则和自律公约，规范数字金融机构的经营行为。对会员单位进行定期或不定期的检查，对于违反自律公约的会员单位，采取警告、罚款、取消会员资格等措施进行处罚。同时，设立投诉举报渠道，接受社会公众和投资者对数字金融机构违规行为的投诉，及时进行调查处理。